D1724897

Gerard Reve

Nader Tot U

PANDORA

Pandora Pockets maakt deel uit van Uitgeverij Contact

Omslagontwerp: Jos Peters, Huizen
Auteursfoto: Klaas Koppe
ISBN 90 254 9646 6
NUGI 300

Aan Willem Bruno van Albada

BRIEF UIT HUIZE ALGRA

(De Landkruiser)

Greonterp, 21 Mei 1964.
Toen ik nog een kleine jongen was, kwam er eens een man bij
ons thuis, die een uitvinding van krijgskundige aard had gedaan, waarvan hij, door bemiddeling van mijn vader, hoopte
zo spoedig mogelijk de Russische regering de gelukkige be-
zitster te kunnen maken: nadat deze zijn vinding in toepassing zou hebben gebracht zou, naar de man zijn stellige overtuiging, het Rode Leger onoverwinnelijk zijn geworden.

   (Hij kon bezwaarlijk zijn uitvinding zo maar per post naar
het Kremlin opzenden, want dan zou de – spionerende, pro-
vocerende en tegen het vaderland aller arbeiders samenspan-
nende – kliek van beulsknechten van het internationale olie-
kapitaal de brief onverwijld openen en de uitvinding tegen
het internationale wereldproletariaat en de werkende massa's etc., gebruiken. Vandaar dat de man zich tot mijn vader
had gewend, omdat deze, naar hij hoopte, ervoor zou kunnen zorgdragen dat de eerstvolgende kameraad die toch naar
Moskou moest, de kostbare gegevens in de dubbele bodem
van een koffer, medegebakken in een brood, of met onzichtbare inkt op anderszins onschuldig volgeschreven papier
aangebracht, zou meevoeren; beter nog, zou de overbren-
ging door *twee* kameraden kunnen geschieden, die elk een
op zichzelf onbegrijpelijke helft van de uitvinding uit het
hoofd zouden hebben geleerd, zodat ze, indien door verraad
in handen gevallen van de arbeidersbeulen en in de kerkers
van de heersende klasse ten dode toe gemarteld, het onschatbare geheim nooit zouden kunnen prijsgeven – mits natuur-

lijk de tweede kameraad zich pas op reis zou begeven, nadat het bericht van de behouden aankomst van de eerste zou zijn binnengekomen, want te zamen in één kelder gemarteld, zouden hun gestamelde zinnen plotseling ineen kunnen passen tot een begrijpelijk geheel.)

Volgens gesprekken van jaren later, was de man misschien een ingenieur. Zijn uiterlijk kan ik mij niet meer voor de geest halen, maar van de uitvinding zelf, die de man aan de hand van medegebrachte werktekeningen nader toelichtte, zijn mij, hoewel ik vier, hooguit vijf jaar oud kan zijn geweest, de voornaamste bijzonderheden bijgebleven. Het project droeg de schijnbaar in zichzelf tegenstrijdige naam van *Landkruiser*. Het behelsde een holle, aan beide uiteinden gesloten, stalen cilinder van omtrent tweehonderd meter lengte en ongeveer honderd meter middellijn, die men zich liggend, als een gigantische holle deegrol zonder handvatten dus, moet voorstellen. Binnenin bevond zich een aantal rijdende geschutbatterijen, die door middel van eigen motorkracht en van tandradbanen op de binnenzijde van de cilinderwand, omhoog konden rijden en aldus, volgens het beginsel van de tredmolen, de cilinder zelf in een draaiende en daardoor voortrollende beweging konden brengen. De geschutbatterijen vuurden door synchroon zich openende en sluitende patrijspoorten in de – vele meters dikke – cilinderwand, maar tegen het gevaarte zelf was reeds, nog zonder dat het vuurde, geen enkele versperring bestand: het doorwaadde zelfs diepe rivieren en meren, en verpletterde op zijn weg elk gebouw, fort, of welke andere oneffenheid van het terrein dan ook. Het lijdt voor mij geen twijfel, dat de man door de legende van de Russische stoomwals geïnspireerd moet zijn geweest.

Mijn vader bekeek de werktekeningen met zijn gewone, tegen een fictieve zon in turende blik, waarna de uitvinder ze, wegens hun onbeschrijflijke geheimheid, weer oprolde en meenam. Wel liet hij voor mijn vader een dun, gekruld, en, althans naar het uiterlijk te oordelen, op een draaibank afgeschaafd stripje goud achter, met de aanbeveling 'er zelf eens iets van te smeden, bijvoorbeeld een ring, dat was wel eens leuk om te doen', etc. Aldus ging mijn vader, toen de man weer weg was, in de keuken met de gasvlam proberen van het stukje goud 'een ring te smeden', waarbij hij massa's suizend gas opstookte, zich brandde, tangen met ongelooflijk geweld op de vloer liet vallen, dit alles echter zonder dat er aan het stukje goud ook maar iets veranderde. De man kwam niet meer terug, ook niet om het stukje goud weer op te eisen, dat overigens zoek raakte. Uit deze laatste bijzonderheid zou de lezer wellicht gemakshalve besluiten, dat alles, gelijk de onbekende man met streng gelaat en zwarte cape, die een later onvindbaar zakje gouddukaten bij de jong te sterven toondichter brengt en een mis van requiem bestelt, een fantoom en een begoocheling moet zijn geweest, maar neen: een jaar of wat later hoorden wij, dat deze zelfde man per boot naar Nederlands Oost-Indië was gereisd, om na aankomst aldaar, bij het van boord gaan, althans volgens een of ander naverteld dagbladbericht, terstond door de politie te worden gearresteerd, omdat hij een koffer met goud van onbekende herkomst bij zich bleek te hebben. Enige tijd daarna zou hij, ditmaal volgens een geheel oncontroleerbare nieuwsbron, in Soerabaja in een ziekenhuis of gevangenis aan trombose zijn gestorven. Ik weet nog heel goed, hoe mij, als kind, de onbegrijpelijke eenzaamheid van dit bericht overweldigde.

Het verschrikkelijke is, dat vrijwel al mijn herinneringen door dit soort verhalen worden ingenomen, die nooit vergelijkbaar zijn met andere geschiedenissen die men gehoord of gelezen heeft, en al evenmin iemand anders konden zijn overkomen. Ik heb heel wat mensen het verhaal verteld van de Landkruiser, van de nooit gesmede Gouden Ring en van de Rijke Armoede van de Goudkoffer, en van alle moeite en tobbing en voortjaging 'o'er Land and Ocean without rest', in niets anders resulterend dan in een verlaten Dood, een nauwelijks vast te stellen identiteit en een paar ouderwetse, naar kamfer riekende overhemden, maar niemand van hen heeft mij ooit, als het ware in een verlossende ruil, iets vergelijkbaars weten te vertellen. Het zij zo: alles wat ik vertel, zal eenzaam moeten zijn. Ik zal *deze* dingen moeten schrijven, of ik zal niet schrijven, en indien het mij, 'kleine slaaf van poëzie en taal', eens zou mogen gelukken *Het Boek Van Het Violet En De Dood* te schrijven en te voltooien, dan zal dit wellicht alleen mogelijk zijn, als ik het zou beginnen met geen ander dan juist dit nutteloos, bizar verhaal, dat mij, na zoveel jaren, nu ik reeds tot aan het borstbeen in het graf sta, nog steeds niet met vrede wil laten. Het moet wel zo zijn, dat het, op een of andere geheime wijze, 'diep met mijzelf te maken heeft'. In ieder geval zou het verhaal in zoverre geschikt zijn om als eventuele inzet van het Boek te dienen, dat het gegevens bevat, die duidelijk verband houden met de titel. Want de Dood, die komt er in voor, zou ik zeggen, díe is duidelijk genoeg. En het Violet, dat kan heel goed betrekking hebben op de kleur van de gasvlam. Misschien heeft iemand de man nog gekend, en weet hij zelfs nog zijn naam, opdat ik die kan opschrijven, zodat deze nog niet, voor eeuwig, vergeten zal zijn.

BRIEF UIT HET VERLEDEN

*Huize Algra, Dorpsweg 34-36, G., gemeente W., Woensdag
1 Juli 1964.*
In de zekerheid des Doods, maar in de onzekerheid van de
ure van dien, heb ik besloten dat ik niet langer mag wachten,
maar dat ik vandaag nog, op ditzelfde ogenblik, te kwart
over één in de namiddag, bij een zoemende wind en een telkens tot 'het weer van alle mensen' openscheurende hemel,
door het neerschrijven van deze en geen andere zin, *Het
Boek Van Het Violet En De Dood* moet beginnen, opdat,
wanneer de Dood mij zal hebben ingehaald, er misschien van
alles wat ik eens zou moeten bekennen, althans iets, zij het
een allergeringst, onduidelijk en ternauwernood begrijpelijk
deel, op schrift gesteld zal zijn. (Ik ben de enige die weet, dat
ik, van wat ik eigenlijk had moeten opschrijven, nog nooit
één woord aan het papier heb toevertrouwd.) Aldus begin ik
dit boek, met al de kracht die ik heb kunnen vergaren, en
zonder enige hoop, want die is er niet.

Het moet wel tweeëndertig jaar geleden zijn dat ik, op een
namiddag in de herfst of late zomer uit school komend, bij
ons thuis een nog betrekkelijk jonge vrouw aantrof, die een
meisje bij zich had van ongeveer dezelfde leeftijd als ik of iets
ouder – evenals zij, onaanzienlijk van uiterlijk – en een kleine, zwart met wit gevlekte hond van een of ander straatras.
Uit het gesprek bleek dat ze al een uur, of langer bij ons op
bezoek waren, zodat ik me onmiddellijk afvroeg hoe het
meisje met de vrouw meegekomen kon zijn, terwijl het toch

een gewone schooldag was. Op mijn desbetreffende vraag volgde een omstandig verhaal, waaruit wel bleek dat het meisje – dat Roosje heette – de gehele dag niet naar school was geweest, maar waaruit niet duidelijk werd of alleen zij, dan wel de hele klas of haar hele school vrijaf had gehad. Wel wist de vrouw, die Sallie heette en Roosje haar moeder was, ons uiteen te zetten dat de school in kwestie iets zeer aparts en voortreffelijks was, volgens Dalton of Montessori of iets dergelijks, met een juffrouw met wie de verstandhouding enorm was, die alles zo goed begreep en met wie men 'soms over dingen' zo prachtig kon praten, etc.

De vrouw en het meisje – de hond hadden ze nog pas kort en is later ergens aan gestorven – waren de echtgenote en enige dochter van Paul (of, eigenlijk, Saul) de G., toen reeds, zo geen leider, dan toch een belangrijke functionaris van de *Communistische Partij Holland*. Ze woonden op een tweede of derde etage aan de Linnaeusparkweg, een klein half uur gaans van ons adres. Mijn broer en ik werden meteen door Sallie uitgenodigd om op bezoek te komen wanneer we maar zin hadden, dat was immers ook leuk voor Roosje, want – zo althans meen ik me Sallie haar betoog te moeten herinneren – Roosje haar relaties met kinderen van haar eigen school waren weinig gelukkig, en eindigden gewoonlijk in ruzies: Roosje ergerde zich namelijk in ernstige mate aan de kinderen in haar klas omdat die 'zo vreselijk dom' waren.

Na deze middag zijn, gedurende enige jaren, mijn broer en ik veel bij Roosje en Sallie op bezoek geweest, terwijl ook Roosje veel bij ons thuis kwam en zelfs een paar keer bij ons heeft gelogeerd. Van het adres op de Linnaeusparkweg herinner ik me niet veel uiterlijke bijzonderheden meer, behalve dat het op de lange trap naar boven donker was, en dat zich in de woning zelf onwaarschijnlijk veel kussens, matjes, geborduurde wandkleedjes en vooral Slavische klederdrachtpoppen bevonden, met trouwens nog andere voortbrengselen van Oosteuropese volkskunst, zoals gelakte ronde houten dozen waarop de grens tussen de kleurvlakken van de afbeelding verdiept was ingebrand, en die verschrikkelijk piepten als je het deksel eraf wrikte, waarna ze, nooit iets anders bevattend dan gebruikte postzegels en een halve manchetknoop, van binnen geweldig riekten naar vers geslepen potloden.

Sallie was een kort en propperig gebouwd vrouwtje (ze kleedde zich, als om hierop de nadruk te leggen, bij voorkeur in pluiswollen bloesjes en dikke, Schotse geruite rokjes), bezat een aantal stalen of zilveren kunsttanden die duidelijk te voorschijn kwamen als ze sprak in haar merkwaardig, stellig niet Nederlands Accent, en stond bijna altijd gereed om iets te eten of te drinken te maken. Ze was even gul en goedhartig als dom. Vrijwel haar gehele conversatie behelsde het bedrog en de vervalsing, die volgens haar het levensmiddelenbedrijf beheersten: boter was meestal gemengd met inferieure, minerale of zelfs 'scheikundige' vetten, meel bevatte grote hoeveelheden krijt of aarde, brood zat bijna altijd vol met gemalen stro, terwijl men reeds lang bedorven vlees, door kunstmiddelen, weer een fris en bloederig uiterlijk kon geven. 'Schep-ijs' was zo goed als dodelijk, terwijl verpakt consumptie-ijs nog levensgevaarlijk was, indien men niet op zijn tellen paste. Gebakjes zaten bijna altijd, tenzij men de bakker goed kende (alsof dat iets kon helpen) vol ziekten (hierbij speelde het bijgelovig onderscheid tussen zelfbakkers en slijters een grote rol), terwijl voor de vulling van chocoladebonbons even goedkope als giftige verfsoorten gebruikt werden. (Ik herinner mij, hoe ze, toen ze, goedig en royaal als ze was, Roosje, mijn broer en mij eens had meegenomen naar de grote uitspanning aan de Kruislaan, de vier porties roze, in mat zilverpapier verpakt ijs door de kelner liet terugnemen, omdat het 'naar inkt smaakte'.)

Haar waakzaamheid in dezen kreeg echter, dat herinner ik mij nog heel goed, merkwaardigerwijs nooit een verzuurd of verbitterd karakter, maar behield altijd iets van een levenslustige strijdvaardigheid: ze was, behalve een te goedige, ook een te weinig geordende geest om enige systematische dwang uit te kunnen oefenen. Ze bemoeide zich dan ook niet met de bezigheden van ons drieën, zolang geen van ons verwondingen opliep, en er geen ruzie gemaakt werd. Meestal bevonden we ons op de achterwaranda, waar we begonnen met bellen blazen, om, na enige tijd, zeepsop, papieren vouwvogeltjes en ten slotte stukken steenkool in de lange, nogal deftige tuinen beneden te gaan werpen. Roosje was op koninginnedag jarig, ter gelegenheid waarvan de benedenbewoners papieren guirlandes en slierten serpentines over bomen en schuttingen plachten aan te brengen. Ons jaarlijks terugkerend vermaak bestond hierin, dat we de serpentines door middel van een haakje aan een touw naar boven trokken en dan oprolden. Door de aldus ontstane schijven tot vaas- of schaalvorm in te drukken en daarna met waterglas te fixeren, maakten we 'potjes', met drie of vier pootjes eronder, een erg kinderachtige arbeid, als ik er nu op terugzie, die wel niet meer in zwang zal zijn. Er werd van beneden wel geprotesteerd, maar daarvan trok Sallie zich niets aan. Na twee of drie verjaardagen van Roosje kwam er echter van de huiseigenaar een geschreven waarschuwing, en deze moet op Sallie indruk hebben gemaakt, want het serpentinevissen werd ons voortaan verboden.

Van Roosje haar vader, Paul dus (of eigenlijk Saul), kan ik maar weinig vertellen, te meer daar ik me niet herinner, dat hij zich ooit, in al die jaren, verwaardigd heeft één woord tot ons te spreken. Ik was bang voor hem. Vaak zagen we hem, met zijn blauwig paars gezicht en rundervagijn van een mond, in een hoek van de keuken of in een eveneens op de waranda uitkomend, klein zijkamertje aan een tafeltje zitten, waarop hem door Sallie grote hoeveelheden voedsel werden geserveerd. De wijze waarop deze man at, had iets onzedelijks – veel beter kan ik het niet onder woorden brengen. Tafelmanieren werden ons thuis niet bijgebracht, en ik kan dan ook nog steeds niet, tenzij ik mijzelf een overdreven zware tucht opleg, anders dan grommend, blazend en schrokkend eten.(Een zwelger of een ontbeerder, nooit een genieter – zo zou ik mijzelf met betrekking tot het dagelijks voedsel willen typeren.) Het was dan ook niet een smakkend of te haastig eten – al zal hij dat zeker hebben gedaan – dat mij angst (alsof ik een ontucht bedrijvend wezen bespiedde) en haat (die ik mijzelf niet dorst te bekennen) inboezemde, maar iets heel anders. Uit de man zijn gezicht spraken verachting, wantrouwen en, vooral, haat jegens alles in het algemeen en jegens het voedsel in het bijzonder: de gulzige tegenzin (alweer kan ik het niet anders zeggen) waarmee hij het gerecht noch naar binnen wierp, noch met de lippen pakte, maar veeleer de mondholte binnenschepte; het dreigend tot stilstand komen van de kaken als hij in de spijs iets onbekends meende te voelen, en het suizen – een honend, bijna onhoorbaar fluiten – van de adem. Hij at niet als een hond of een kat, want die eten heel keurig, noch met de kalme drift van een vogel, maar als een onbekend dier, dat zijn gedode prooi nog bij het opeten blijft haten.

Ik heb later wel eens gedacht, dat deze man, als hij ooit aan de macht was gekomen, met de vernietiging van zijn tegenstanders nog geen genoegen zou hebben genomen, maar ook nog hun gezinnen in hongerkampen zou hebben laten uitroeien. De Nederlandse 'werkende massa's' (wie zijn dat toch?) bevinden zich echter nog steeds in de veilige greep van de 'oorlogstichtende kliek van het internationale monopoliekapitaal', en onder andere aan dit heuglijk feit heb ik het, met vrijwel alle Nederlandse schrijvers, dichters en beoefenaren van de geesteswetenschappen, te danken dat ik nog in leven ben.

Toen de familie De G. later verhuisde naar een woning in Zuid, zagen we elkaar van lieverlede steeds minder, en ten slotte vrijwel in het geheel niet meer. Op het nieuwe adres ben ik nog wel enkele keren geweest, maar ik herinner mij van deze bezoeken heel weinig. Op Roosje haar school – sedert de verhuizing, wegens de afstand hoogstwaarschijnlijk een andere – gingen de zaken, zoveel herinner ik me nog wel, verre van goed. Of haar klasgenootjes nog steeds 'zo vreselijk dom' waren, weet ik niet, maar wel, dat Roosje slecht of in het geheel niet kon meekomen. Hier zou echter vroeg of laat raad geschaft worden, want 'Paul' was reeds begonnen stappen te ondernemen waardoor Roosje, te eniger tijd, in Moskou haar opleiding zou kunnen voltooien. Of ook Sallie dan mee zou gaan, is mij niet bijgebleven. De vraag doet er trouwens niet veel meer toe, aangezien alles heel anders is gelopen. Wel zijn ze te zamen op zekere dag in de richting van Moskou afgereisd, maar hun tocht is al op twee derden van de afstand, in de gaskamer van een vernietigingskamp in Polen, tot een eind gekomen.

Wat ik hierboven geschreven heb, zal wel bitter klinken, maar ik zie niet in waarom ik iets, waaraan ik alleen maar met bitterheid kan denken, anders dan bitter zou moeten neer-schrijven. De ongediplomeerde slagers, die hun organisatie 'de vroedvrouw van de geschiedenis' noemen, zullen mij wel weer belasteren door te beweren, dat ik het zo prachtig en komiek vind, dat Sallie en Roosje vergast zijn. Dat vind ik niet, en ik vind het onvatbaar, verbijsterend, en gruwelijk. En als ze beweren, wat ze stellig zullen doen, dat ik beider nagedachtenis heb willen bezoedelen, dan ook is God mijn getuige, dat zoiets verre van mij is. (Alsof er niet genoeg do-den zijn en demonen, die, nog vóór de avondschemering, ne-vels veroorzakend, als leveranciers met manden vermomd, rond het huis sluipen. Stemmen. Soms licht.) Roosje en Sallie waren niet belachelijker dan u en ik, en dan alles wat leeft en krioelt op de aardkorst en denkt iets te weten. Mogen zij on-der Gods vleugels rusten.

Hiermede heb ik dan weer een van de ontelbare nutteloze geschiedenissen die ik ken, die geen begin of einde hebben, maar, als kankers in elkaar uitgezaaid, aan elkaar vastzitten, op schrift vastgelegd. Het maakt nauwelijks verschil, waar men begint en waar men eindigt. Het is, bijvoorbeeld, best mogelijk dat de geschiedenis van Karl C. er eigenlijk bij be-hoort, want hij woonde op nog geen twee minuten van Sallie, Roosje en Paul hun adres, om de hoek mogen we wel zeggen, ik denk in de Pythagorasstraat. Hij had een poliep in de neus, of iets dergelijks, want je hoorde het, stookte vuurtjes onder de tafel in zijn kamertje, en is later schilder geworden. Zijn moeder werd blind en is ten slotte, al jaren van zijn vader gescheiden, door de Duitsers weggehaald en ter dood gebracht. Misschien wel, misschien niet, veel maakt het niet uit, ik bedoel of zijn geschiedenis bij die van Roosje, Sallie en Paul (eigenlijk Saul) gevoegd wordt of niet; het is alleen maar, dat je er toch nooit uit komt, want hooguit twee huizenblokken verder woonde weer die en die, en die hun zoon L., had iets aan een nier, en liep scheef, al is het later nog gedeeltelijk goed gekomen.

Het is weer 'niks als narigheid' en 'er komt weer geen normaal mens in voor'. Ik kan het niet helpen. Ik weet alleen maar, dat ik het, God zal kunnen openbaren waarom, moet opschrijven, zo goed als ik maar kan, zo lang als mij 'het licht om te arbeiden gegund zal zijn' en 'totdat de pen aan mijn hand ontvalt'. (1000 gulden beloning voor wie mij kan verklaren, waarom ik niet krankzinnig ben.)

Misschien zou ik er nooit, of pas over vele jaren, toe zijn gekomen om dit zinloos verhaal neer te schrijven, indien niet, op 18 Maart van dit jaar, een zestienjarige jongen met donker, sluik haar, gekleed in een zwart katoenen truitje en een tamelijk goed passende broek van fijn geweven, min of meer glanzende, zwarte stof, mij vlak voordat ik des avonds in het gebouw van de —ste Hogere Burger School met —jarige cursus aan de —weg te Amsterdam een voorlezing uit eigen werk (*Op Weg Naar Het Einde*) voor de beide hoogste klassen zou houden, in een spreekkamer van de school drie kleine amateurfotografietjes met gegolfde randjes had getoond, met de mededeling dat zijn moeder, die hem had gevraagd ze aan mij te laten zien, 'Lientje B.' was, die me de groeten deed, en graag zou willen weten of ik me haar nog herinnerde. Ik herinnerde me haar nog zeer wel: onze achtertuinen lagen tegenover elkaar. Ik gaf haar op haar verjaardag een primulaatje of soortgelijk onzinnig plantje in een potje cadeau, en wenste (later) met haar te trouwen.

De mensen denken, dat ze je met dat soort dingen een plezier doen, op de wijze van weet je nog wel ik ben die en die, van toen en toen, waarna je nooit, of pas een halve dag later, genoeg moed hebt om te zeggen blijf even doodstil staan als je wilt, dat ik je met één dreun je kop insla.

In de stilte van de spreekkamer of vergaderkamer of lerarenkamer van de school rook het naar verf, maar was toch wel degelijk ook de angstaanjagende geur waarneembaar, die elk gebouw van onderwijs kenmerkt. Als van veraf, kon ik de mompelende en stommelende geluiden horen van de kunstlievende leerlingen die de school binnengingen en de trappen opklommen naar het zaaltje, alwaar ze, over weinige minuten, mij zouden horen spreken, wat mij, om welke reden dan ook, ongehoord treurig en lachwekkend voorkwam.

De op de fotografietjes vastgelegde beelden herinnerde ik mij onmiddellijk, maar ik hield ze, schijnbaar peinzend, lange tijd vast, veinzend ze uiterst nauwkeurig te bekijken, maar in werkelijkheid, telkens als dat onbespied mogelijk scheen, de gestalte van de jongen beloerend, die met zijn kruis tegen de groenbelakende tafel leunde. Hij was van gewone lichaamslengte en had iets zachts en verlegens, hoewel toch ook, zeker in zijn manier van kijken en de houding waarin hij stond, iets duidelijk weerspannigs en ongehoorzaams. In de uiterst korte tijdsspanne voordat ik, onherroepelijk, iets zou moeten zeggen, de foto's teruggeven, iets vragen, of hoe dan ook zonder opzien te baren, enige communicatie maken, probeerde ik met zekerheid vast te stellen of hij door mij, dan wel, in mijn bijzijn uiteraard, door een (na langdurige pijniging tot gehoorzame beul gemaakt) vriendje uit zijn klas zou moeten worden gegeseld, en of dat een stoer er uitziend, donkerharig, dan wel een tenger, meisjesachtig en blond jongetje zou moeten zijn; of hij gekleed dan wel ontbloot, al dan niet vastgebonden of door weer andere 'uit de kluiten gewassen schoolmakkertjes' vastgehouden, zijn nimmer eindigende bestraffing zou moeten ondergaan; wat het meest geschikte strafwerktuig zou zijn, een probleem bijna even moeilijk, trouwens, als de vraag op welk gebied van zijn Jongenslichaam het eerst de pijn zou moeten worden toegebracht; bij welke schier kantelende toren van overwegingen zich nog de kwellende vragen voegden – die ik geen van alle wist te beantwoorden – of hij al vóór de eerste toebrenging van pijn zou huilen, en zo neen, dan na de hoeveelste striem, en hoe hard en met welk soort stemgeluid – in verstaanbare lettergrepen dan wel woordloos loeiend, als een dier – hij zou schreeuwen. Terwijl in mijn oren een gezoem afwisselend aangalmde en weer wegstierf, gaf ik de jongen met een beheerst, langzaam gebaar de fotografietjes terug, en mompelde ik iets als: 'Ja, ja, dat is heel lang geleden, tja...' en daarna nog: 'Doe uw moeder vooral de groeten terug. Zeg haar maar, dat ik me haar nog heel goed herinner,' etc., alles met een peinzende glimlach.

Op de fotografietjes – ik vergat het er in de drukte en de opwinding bij te vermelden – stond, behalve ik en nog een paar andere kinderen, Roosje de G. afgebeeld.

'Huize Algra', Vrijdagmiddag 17 Juli 1964.
Ik weet, dat ik nog veel verder, zo ver als maar enigszins mogelijk is, zou moeten terugkeren in het Verleden, en dat ik ten slotte zelfs zou moeten proberen de grens van de nog gestalte hebbende herinnering te overschrijden, want daarachter moet, van de verschrikking die 'dit rampzalig leven' inhoudt, de verklaring te vinden zijn. Misschien zal het me, als ik nog lang genoeg leef en blijf volhouden, eens gelukken, zodat ik eindelijk de verregende, donkere beelden – soms in het per ongeluk tot stilstand gekomen apparaat door de gloeiende projectielamp bijna geheel in druipende stroop veranderd – zal kunnen duiden. Dan zal ik weten, wie de Soldaat was op wie ik, vierendertig jaar geleden, verliefd was, en die misschien werkelijk bestaan heeft; wat de hoefsmederij betekent waarachter, in een keuken, onder het gepleisterd

licht van een binnenplaatsje, een oude vrouw, dun als een stervende vogel, met haar laatste krachten een rode kool in tweeën snijdt; wie de jongen was, die mondharmonika speelde en water uit de vaart dronk omdat hij dorst had en de sleutel niet had en niet bij de buren wou aanbellen, en daarna gestorven is; o, weemoed van een verloren jeugd die nooit geweest is, en die voor eeuwig stilstaat in de tijd.

Er is zo eindeloos veel dat verklaard moet worden: waarom ik de enige was, die mij over de teksten van alle liedjes op school schaamde, en wel wilde schreeuwen van haat en verdriet en vernedering, maar, onmachtig, me beperkte tot een voorgewend meezingen, met geluidloze mondbewegingen. De dichter of schrijver ('of allebei, of geen van beide') Simon V. zegt in een interview dat hem kort geleden is afgenomen, dat ik een 'gestoorde persoonlijkheid' ben, maar ik moet dat in twijfel trekken. Het ligt anders, geloof ik. Nu ik hier op de spoordijk zit, op de zuidelijke rand ervan, dicht bij de rails en op achttien passen voorbij een rechtop in de grond gehamerd stuk spoorrail waarop een ijzeren bord met vrijwel onleesbaar opschrift dat misschien 3 1 7 vermeldt, besef ik opeens, terwijl ik naar de Geheime Schrijfsteen kijk, die ik op mijn 39ste verjaardag in Londen van het Loodgietend Prijsdier M. heb gekregen en die helemaal met me mee is gereisd, eerst naar Lissabon, toen naar Algeciras en Tanger en nu, via Amsterdam, naar hier, dat het, wat Simon V. zich niet heeft gerealiseerd, waarschijnlijk allemaal komt omdat ik een *revist* ben. De schrijver of dichter ('of', etc.) Simon V. is geen revist. Als je het niet bent, kan je het niet worden ook, geloof ik – het moet zoiets als een Genade zijn. Zal ik u eens vertellen wat ik geloof? Als u het mij vraagt is hij zelf gestoord, want wat hij in dat interview beweert, is volgens mij niks als *fading* en een elektrieke storm in een tennisbal met ogen. Ik ben niet gestoord, maar een revist. Hij, Simon V., is wel degelijk gestoord, maar dan ook geen *revist*, want het moet uit de lengte of uit de breedte. Met die verschrikkelijke werkelijkheid zal hij moeten proberen te leven, want ik kan er niks aan veranderen, hoe een hartelijke en gulle en hulpvaardige jongen ik hem ook vind. Nee, bij mij is er niets gestoord, want de ontvangst is heel duidelijk, al zijn de visioenen en Gezichten (een mens heeft zijn eigen televisie bij zich, even goed als het Koninkrijk Gods binnen in u is) minder talrijk geworden, waar weer tegenover staat, dat de Stemmen in aantal en kracht zijn toegenomen.

Ze schrijven tegenwoordig van alles over me in de bladen, maar het houdt vrijwel nooit steek. Mijn kunstbroeder Remco C. vermeldt in weer een ander interview, dat ik 'een huisje gekocht (heb) met uitzicht' (lacht) 'op een kerkhof'. Dat klopt, maar onze nationale chroniqueur van het leven der Leidsepleinkabouters zal toch niet bedoeld hebben, dat zijn kortelings betrokken villaatje in de —straat te Antwerpen níet op een kerkhof uitkijkt? 'Hoe houd je het uit,' was zijn commentaar, toen ik hem de ligging van Huize Algra uiteenzette. Ik moet zeggen dat ik het hier, in de stilte van de natuur, uitstekend kan uithouden ('Ach, niemand weet toch hoe prachtig dat kan zijn. Al die kleine miertjes, kevertjes en ratjes die over een miljoenenlaag mos met naalden kruipen. En die geur! Dat deed me altijd denken aan het badzout van de vrouw van die cafébaas. Hoe heette ze ook alweer? In die tijd verkeerde ik in een ernstige financiële depressie,' schrijft de zich in het internationale leven geducht manifesterende Jan Cremer op bladzijde 153 van zijn veelgelezen boek) en ik denk dat het komt omdat ik niet tot het slag mensen behoor dat geen weekeinde geslaagd acht, indien niet het huis, als een voorpost in de strijd tegen sociaal en raciaal vooroordeel bevolkt wordt door slecht dichtende hasjiesjknagers en gekleurde souteneurs. Ik moet geen kunstenaars en andere overjarige moeilijk lerende kinderen over de vloer hebben, die alles kapot en vuil maken en later, al hebben ze anderhalve kast drank opgezopen, rondvertellen dat er 'beroerd weinig te eten was'. (Wat waar is, want een beetje pinda's bij de borrel geeft al een onuitpulkbare asfaltering van de kokosmat.) Hier zie ik, God lof, geen mens, want voor heen en terug in één dag is het nogal ver, terwijl langzamerhand ook bekend wordt, dat ik ze van de deur zend, want ik heb aan hun hengsterijen geen boodschap. Er moet namelijk gewerkt worden, en hard ook, ten eerste, natuurlijk, om zo veel mogelijk Geld naar binnen te slepen, maar ook omdat, op zijn gunstigst, er nog maar bar weinig tijd over is voordat de Dood 'claps you between its hands like a flying moth, and you are done'.

'Ik word een beroemd man.' Hoewel de astrologische berekeningen die Zusje J. van de beide zusjes M. te G. kortelings voor me heeft gemaakt, allergunstigste uitkomsten te zien geven, zowel wat betreft mijn steeds maar stijgende succes, dat reeds 'volgens de geboortehoroscoop altijd wel briljant zal blijven', als wat betreft de aankoop van Huize Algra, zulks omdat Mars, heerser van de Ascendant van het moment van betrekken, heel degelijk in 6 (arbeidshuis), in nauwe conjunctie met Mercurius en Jupiter en in het teken Taurus staat, welke drie planeten sextielen maken van Venus in Cancer en Saturnus in Pisces, en met Uranus en Pluto in Virgo, zodat ik in het huis geweldig hard zal werken (Taurus), te weten schrijven (Uranus en Pluto in 9), terwijl wat ik schrijf nog mooi en gevoelig (Venus in Cancer) en verantwoord naar de vorm (Saturnus) zal zijn op de koop toe, en ten slotte ook wat betreft het Geld ('je hoeft je echt geen zorgen te maken dat je ooit armoede zult lijden'), blijf ik voorzichtig, want ze kan, hoe groot mijn vertrouwen in haar adviezen ook is, ergens een rekenfout hebben gemaakt. Ik blijf dan ook voorbereid op een plotselinge kentering, wanneer de critici tot het sterk gewijzigde standpunt zullen komen, dat mijn werk niet eerlijk maar geposeerd, niet briljant maar op goedkope wijze gekunsteld, en niet schokkend maar vervelend is. Voorlopig echter gaat de curve, zij het minder steil dan in het begin, nog steeds omhoog, en is de tegenwind nog altijd te verwaarlozen. Wonderlijk is daarbij, dat de enkele ongunstige besprekingen van *Op Weg Naar Het Einde* alle een zeer verongelijkte, welhaast querulante toon hebben, en zich met de inhoud van het boek in algemene zin in het geheel niet bezighouden, wat weer geen belemmering is om er met ruime maat valselijk uit te citeren. (In de recensie van Willem Brandt bijvoorbeeld zit in bijna ieder citaat een fout.) Voorts beschuldigen bedoelde recensenten mij van dingen waar ik nooit aan gedacht heb, en vallen ze in mijn werk een strekking aan, die ik er nimmer in heb willen leggen en die er ook niet in ligt, tenminste niet voor wie in staat is te begrijpen waar het boek over gaat. Willem Brandt wil ik onnauwkeurigheid niet kwalijk nemen, want die heeft het veel te druk met zijn dichtbundels + clichés van zijn eigen portret aan de privé-adressen der dagbladrecensenten te zenden, en evenmin, dat hij Wimie een schandknaap heeft beliefd te noemen (van het Prijsdier heeft hij niets lelijks gezegd, wat zijn behoud heeft betekend), maar tegenover Fedde Schurer valt het mij erg moeilijk, eenzelfde mildheid te betrachten, want ik kan moeilijk aannemen, dat zijn beweringen over allerlei passages in *Op Weg Naar Het Einde* op onnauwkeurigheid berusten en te goeder trouw zijn gedaan. Ik vind het helemaal niet erg, dat hij het over 'de heer Reve' heeft: het kan voorkomen, dat iemand alleen maar in clichés kan schrijven en toch iets behartigenswaardigs onder woorden brengt – al te vaak ben ik geneigd, de stijl als maatstaf van alle betoog te nemen. Maar dat hij mij, terzake mijn beschrijving van een Indiase gedelegeerde op het schrijverscongres te Edinburgh, racistisch vooroordeel aanwrijft, dat heeft met clichéstijl niets te maken, en is alleen maar een berekenende, op de goedgelovigheid van de menigte speculerende perfiditeit. Mocht men nog twijfelen, deze twijfel zal, voor wie het boek gelezen heeft en van Schurer zijn betoog kennis neemt, terstond verdwijnen. Schurer beweert namelijk, dat volgens mijn boek (Brief Uit Edinburgh) het schrijverscongres zijn culminatie zou hebben gevonden in mijn toespraak, waarin ik 'de lof van de H.S.' (zonderlinge, door bijgelovige angst en haat geïnspireerde spelling) zou zijn gaan zingen. Ik heb nog nergens de lof van de homoseksualiteit gezongen, dus ook niet op het schrijverscongres te Edinburgh. Ik heb het daar in bedoelde toespraak – en ieder eerlijk mens die zich zonder schaamte voor God zou durven opstellen, kàn niet anders in mijn boek lezen – over iets heel anders gehad: ik heb slecht en gebrekkig gesproken, maar ik heb niet anders gedaan dan de vrijheid van de schrijver verdedigen tegen een aanval door één van de rode nazi's en fatsoensrakkers, namelijk van de communist MacDiarmid. Dat staat niet in Schurer zijn kritiek, maar die kritiek staat dan ook afgedrukt in het weekblad De Groene Amsterdammer. (Het weekblad, dat soms twee recensies aan één boek wijdt.)

Huize Algra, 7 Augustus 1964.
Ook wat het 'naar binnen slepen van Geld' betreft, gaat het mij, laten we de werkelijkheid onder ogen zien, uitmuntend. Soms maakt zich een paniekerige vrees van mij meester, dat de netten zullen scheuren, maar die vrees zal wel ingegeven zijn door mijn bescheiden, in armoede ontwikkelde maatstaven van welstand. De verkoop van de zesde druk is in volle gang, de zevende druk is bij de drukker besteld, ik heb de Novelleprijs van de Gemeente Amsterdam gewonnen en de staatssecretaris van Onderwijs, Kunsten en Wetenschappen heeft mij, de Raad voor de Kunst en Senator Algra gehoord, een stipendium, weliswaar niet voor het leven, maar toch voor een vol jaar, toegekend. Meer dan ooit zou ik me nu voor God willen verootmoedigen en boete willen doen, bijvoorbeeld door 36 uur niet te drinken, of door het maken van een bedevaart: succes heeft mij altijd aandachtig en treurig gestemd. Die 36 uur, daar is niks van gekomen, want ik heb het op een enorm zuipen gezet, omdat ik dacht ik verdien goed, het kan best, en ik moet drinken om mijn verdriet te vergeten ook, omdat wij kunstenaars leven onder zware psychische spanningen. En de bedevaart, dat is maar een heel kleintje geworden, naar Leeuwarden, waar ik enige minuten naar Algra zijn huis getuurd heb, maar veel wijzer ben ik er niet door geworden. Ik wil er maar liever niet 'liefderijk op-

genomen' worden. Er ging van huis en tuin, keurig onder-
houden als ze me voorkwamen, iets verstikkends en doods
uit, maar vooral iets onpersoonlijks en ongeëngageerds, en
misschien is met die beide laatste kwalificaties mijn kostbare
vijand wel het beste getypeerd: hij is een van die, misschien
wel te benijden, a-muzische, a-mystieke en a-religieuze
mensen, die nergens een onoplosbare problematiek zien en
die met fikse moed Indiaantje spelen in een strijd die schijn-
problemen tot inzet heeft. Vandaar ook, dat het me geen plezier deed, het huis van nabij gade te slaan. We begrijpen elkaar niet, vrees ik, dat moet het zijn, en ik zou wel eens willen
weten wat die man zijn Teken, en wat zijn Ascendant is,
want daarmede zou misschien verklaard kunnen worden,
waarom de schermutseling mij geen werkelijk genot ver-
schaft, maar, integendeel, bedroefd stemt. (Ik doe soms wel,
om de verkoop van mijn boek te bevorderen, of ik hem geweldig haat, maar ik vrees dat ik nu eenmaal niet genoeg van
die man houd om dat verrukkelijke gevoel op te kunnen
brengen. Hij zal wel geen revist zijn, net zomin, trouwens,
als Willem Brandt en Fedde Schurer.)

Misschien maak ik het mezelf veel te moeilijk. Ik pieker
enorm, altijd, dat is zo, maar ik ben niet ontevreden of op-
standig jegens de van God gegeven orde, noch jegens de autoriteiten, die immers over ons gesteld zijn. Overigens is het,
wat dat betreft, heel wat beter dan een jaar of twaalf geleden,
want vroeger had ik met de regering en de departementen
nooit iets anders dan herrie, en was er altijd wel een of ander
stuk ongeluk, dat de staatssecretaris, net als hij zijn handte-
kening onder een of ander financieel te mijnen gunste lui-
dend stuk wilde zetten, erop wees, dat ik heel lelijke en onze-
delijke dingen schreef (wat niet eens waar was), en dat mij in
geen geval enige geldelijke waardering van regeringswege
moest worden toegekend. Toen, ik bedoel dus een jaar of
twaalf geleden, zou een aanval in de volksvertegenwoordi-
ging als die van Hendrik Algra zeker effect hebben gehad, en
zouden noch een katholiek, noch een socialist hem zo recht-

lijnig en compromisloos van repliek hebben gediend als beiden thans gedaan hebben – ik ben ervan overtuigd, dat ze toen geen stap voor me hadden verzet. De situatie ligt tegenwoordig ook al anders, omdat, in het algemeen, de regering niet meer, zoals toen, inzage van manuscripten vraagt, maar liever meteen centen geeft, zonder al die onzin eerst te moeten lezen. Het heeft me al die jaren heel wat gepieker gekost om tot een ontdekking te komen, welker bruikbaarheid nu door de geschiedenis is achterhaald: ik was kort geleden juist tot de beantwoording gekomen van de vraag wat te doen indien ik, in Den Haag, voor wat voor subsidie dan ook, enig manuscript zou moeten inleveren waarvan bepaalde passages een voorzichtig commies aanstoot zouden kunnen geven. De procedure zou allereenvoudigst kunnen zijn: men neme, vóór de inlevering, elke passage die moeilijkheden zou kunnen geven eruit (en mocht de tekst dan niet lopen, wat in de moderne Nederlandse letterkunde niet zo waarschijnlijk is, voege er iets gematigders in), strijke de prijs of beurs op en brenge, bij publikatie, de verwijderde tekst weer integraal aan. Het is, als met zo veel dingen, weer het ei van Columbus, maar je moet er even op weten te komen. En dan te moeten bedenken dat al die schranderheid nu niet meer nodig is, waarschijnlijk zelfs niet eens meer als je nog wèl een tekst zou moeten inleveren, want als je tegenwoordig schrijft over meeldraden en stampers, of alleen maar over stampers, dat het een aard heeft en de lezer voor altijd de lust tot kezen vergaat – tien tegen één dat dan een katholiek parlementslid op een of andere vormingsdag lovend van je getuigt, dat je een zoeker bent en 'het menszijn als zodanig strijdend beleeft', of woorden van een gelijksoortige strekking. Daarom begrijp ik ook niet, hoe mijn kunstbroeder Willem Frederik Hermans erbij komt om te beweren, dat in Nederland 'niks mag'. In Nederland mag vrijwel alles, als je maar ethisch bent en er voortdurend geen twijfel aan laat bestaan, dat de problemen van de bestemming van de mens, van de zin van het leven, van het aantal lichtjaren der hemellichamen, dat die je enorm dwarszitten. We zijn een zwaartillend tobberig volk, en wie daar in zijn literaire vormgeving geen rekening mee houdt, of God met alle geweld zonder hoofdletter moet schrijven, die is een grote stomkop, vind ik, en haalt zich alle narigheid zelf aan. Het enige, waar je zelf niks aan doen kunt, maar wat ze je in Nederland nooit zullen vergeven, dat is: genoeg geld verdienen met schrijven om ervan te kunnen bestaan. Het woord 'broodschrijver' dat men voor iemand aan wie dat lukt, heeft bedacht, is ongunstig bedoeld, wat ik niet begrijp, want het lijkt me heel eerzaam om door middel van je kunstenaarschap in je onderhoud te kunnen voorzien. Ik schrijf voor Geld, zoals ik al enige malen eerder te kennen heb gegeven, want er moet van alles worden betaald en voor niks gaat de zon op, en niet tot het heil der mensheid, wat weer niet wil zeggen, dat ik geen maatstaven van kwaliteit en eerlijk vakmanschap aanleg, en evenmin, dat ik de mensen met alle geweld met mijn teksten narigheid en verdriet wil bezorgen, allerminst: als ik met een boek hier en daar een lichtstraaltje kan brengen in deze als een filosofisch heelal uitdijende woestijn van glas en beton, dan doet mij dat deugd en stemt mij dat dankbaar. Maar veel kan ik aan de mensen hun tobberijen niet verhelpen, en laat men zich in dit opzicht van mijn vermogens geen te gunstige voorstelling maken, zulks om teleurstelling te voorkomen. Zo stuurde, een maand of wat geleden, mijn al eerder genoemde kunstbroeder Remco C. een jongen naar mij door met een klem in de kaak of een soort diadeem zoals om een vrouw haar hoofd, maar dan langs de voorkant van zijn tanden, met speeksel en een klein beetje spijsresten, die bijna huilend bij me boven kwam. Hij was bij onze Rem aan de deur geweest om hem te vragen wat de zin van het leven was. Godverdomme, dat gedonder weer, had kunstbroeder gezegd. Aan godverdomme, daar heb ik niks aan, had die jongen toen weer gezegd, die helemaal op de fiets uit Hilversum was gekomen, en erg fraai weer was het niet. Ga maar naar Reve, had Remco toen gezegd, die weet alles van de zin van het leven af. Hij woont hier vlakbij. ('Gaat u dan naar meneer Hoyer.') Meer dan koffie voor hem maken en hem als mijn vermoeden te kennen geven dat het leven geen doel had en dat er geen hoop was, heb ik niet voor hem kunnen doen. 'Waar leven we dan voor?' riep de jongen toen, in een begin van een huilbui, uit. Zo ging dat nog een tijdje door. Wijn dronk hij niet. Hij dronk niks, ik bedoel niets waar alcohol in zat. 'Omdat het Gods wil is,' zei ik nog. Toen hij: 'Wat is dat, God?' 'Weet ik dat,' ging ik maar weer verder, en daarna steeds zwaarder en gewichtiger: 'God is het ongeschapen Licht.' (Dat had ik ergens gelezen, en het is waarschijnlijk ook zo.) 'Wat heb je daar aan, wat is dat nou anders dan onzin?' zei hij. 'Het zal wel onzin wezen,' zei ik, 'maar toch is het zo.' Daarna kwam ik aardig op dreef, en zei ik, dat de gedachte dat God reeds was voordat ik bestond en dat, nadat ik, als as op de wind, zonder gedachtenis, verdwenen zou zijn, Hij nog steeds zou zijn omdat Hij eeuwig was, dat die gedachte mij een enkele keer wel eens troost gaf of zelfs in verrukking bracht, maar dat hielp al evenmin. Ik hoop dat hij veilig thuis is gekomen, dat hele eind, want het woei ook nogal, meen ik me te herinneren. Het had erger gekund, want hij had wel amateurfotografietjes met gegolfde randjes bij zich gehad kunnen hebben, die bijvoorbeeld zijn vader hem kon hebben meegegeven om mij te laten zien, met de groeten en of ik nog wist wie hij was, en dan had ik hem moeten straffen en martelen, waar ik tegenop zou hebben gezien, want ik vond hem niet geil, en zijn kleding ook niet. Misschien wordt hij wel een schrijver, maar ik denk niet in het 'lichtvoetige' genre. Ik heb gezegd dat hij best nog eens mocht terugkomen. Misschien dat ik dan mijn denkbeelden over het onderwerp beter en overtuigender zal kunnen formuleren, maar een moeilijk vraagstuk blijft het: ons bestaan blijft een nooit aflatend pogen, we zijn op weg, op reis als het ware, en de mensen hebben veel te veel televisietoestellen en bromfietsen, waardoor de stem van het waarachtige zelf wordt verstikt, zodat ze niet meer beseffen dat God een boodschap aan ze heeft – dat schrijven de couranten trouwens ook. Hij was, geloof ik, nog op school.

Het gebeurt inderdaad maar zelden, dat je voor een ander een lichtpuntje bent, maar als het je eens, een enkele keer vergund wordt om goed te doen, dan dank je je Schepper. Want een maand of 4 ½ geleden komt er een man bij me langs, die door lezing van en meditatie over *Op Weg Naar Het Einde*, een jaar of vijf-, zesendertig denk ik, hij werkte op een of andere bank, genezen is van allerlei schuddingen, duizelingen, soms dagen durende verlammingen, neuralgische pijnen en de verschrikkelijkste, waarlijk verpletterende angsten. Hij vroeg mij door de telefoon of ik niet een of ander boek cadeau wilde hebben. Ik heb *Doorschenen Wolkenranden* van Bloem, als pocket, gekozen, en dat was goed, maar dat vond hij te bescheiden en te goedkoop, en daarom bracht hij ook nog de Oeuvres Complètes van Rimbaud mee, die ik op de leestafel heb liggen, dat de mensen zien dat we niet van de straat zijn. En weer een tijd later belde me een man op, die de vorige dag, tussen de middag, mijn geruchtmakende boek in een winkel had gekocht, en het op weg terug naar kantoor, en daarna nog op kantoor, was begonnen in te kijken en toen meteen naar de baas was gestapt en voor de volgende dag een snipperdag had gevraagd, drank in huis gehaald, sigaretten, in een diepe stoel voor de haard was gaan zitten, 's morgens om een uur of half tien, en toen het boek achter elkaar uitgelezen had, en nu, om een uur of half vijf 's middags, belde hij me op om te zeggen dat hij geen spijt had van de opgenomen vakantiedag. Ik heb daarna een hele tijd stil voor me uit gekeken, en bijna gehuild. Als ze je prijzen geven, en Geld, en bewondering, en roem, dan is dat allemaal prachtig, maar het is dwaasheid en ijdelheid, want wat baat het de schrijver, als hij alle aanzien en naam bezit die hij zich maar kan wensen, maar niemand ooit een snipperdag heeft opgenomen om zijn werk te lezen? Niemand heeft ooit een snipperdag opgenomen om het werk van Willem Brandt te lezen, en ook niet van Fedde Schurer, en niemand heeft een snipperdag opgenomen om bijvoorbeeld de verzamelde hoofdartikelen van

Algra van een heel jaar te lezen, maar voor mij, ontijdig geborene, heeft, zonder dat ik het verdien, iemand een snipperdag opgenomen, en dat is God Zelf, want het is Liefde. 'Laat nu Uw dienstknecht in vrede heengaan.'

Voordat ik wederom afscheid van u neem – deze brief had al weken geleden gereed moeten zijn en moet eindelijk eens op de post – wil ik u in ieder geval nog twee berichten doen geworden, die ik het niet over me kan verkrijgen u te onthouden. Het eerste houdt in, dat ik u de naam kan melden van de uitvinder van de *Landkruiser*, zodat deze 'nog niet, voor eeuwig, vergeten zal zijn', want de Haagse arts J.J. E. heeft mij een uitvoerige brief gezonden waarin hij meedeelt, dat de man *Petkovik* heette, dat hij een Kroaat was en 'blijkbaar een zonderling, want hij hield er een tijger op na als huisdier'. 'Ik denk ongeveer in de twintiger jaren verliet hij Indië volgens het verhaal om als monnik te gaan mediteren op de berg Athos. Toen ik tussen '30 en '35 weer in Indië was, las ik in de krant dat men een zekere Petkovik had aangehouden, omdat hij ongemotiveerd veel goud had binnengesmokkeld. Na dien tijd hoorde ik niets meer van hem.'

Het gekrulde stukje goed dat hij aan mijn vader gaf, moet, volgens mijn correspondent, een rolletje zogenaamd cohesief goud zijn geweest, zoals dat toentertijd door tandartsen voor vullingen werd gebruikt, want de man blijkt niet, zoals ik als mijn vermoeden uitsprak, een ingenieur, maar een waarschijnlijk onbevoegd, of op valse papieren praktizerend, tandarts te zijn geweest.

Het tweede, en bepaald opzienbarende bericht luidt, dat Wimie tegenwoordig vis eet. Het is de zuivere waarheid, want het Loodgietend Prijsdier M. (die liever, dat zachte, Fijne Dier) heeft het me persoonlijk bevestigd. Bij een ander wel, godverdomme, dat was het eerste wat ik dacht toen ik het hoorde, en meteen haalde ik me weer al het gekanker voor de geest dat ik, jaar in jaar uit, heb moeten verduren, telkens als ik, bijvoorbeeld voor de poesjes visje kookte, of, nota bene van een krant of stuk pakpapier, zulk een nederig godsgeschenk als een Harder bokking dorst te nuttigen. Het schijnt dat Prijsdier hem het visverwerkend vermogen heeft bijgebracht, en dan wordt alles minder onbegrijpelijk, want ik althans zou voor Prijsdier zo niet alles, dan toch vrijwel alles doen, en er bijvoorbeeld in het geheel geen bezwaar tegen hebben om, terwijl hij bezig zou zijn een door mij voor hem gevangengenomen en in een bedstede vastgebonden Jongen te martelen, luisterend naar de achter de bedstede-deuren opstijgende, wanhopige kreten, hem in een lichtpaars maar toch nog doorzichtig glas, Sterke Drank uit het vries-vak of goed gekoeld bier te serveren en, vóór de bedstede op een zeer harde kokosmat liggend, huiverend van aanbidding en geluk, zijn verdere orders af te wachten. (Hij had heel kort geknipt haar, Prijsdier, toen ik hem zag.) Dit neerschrijvend, besef ik smartelijker dan ooit, dat mij, met een voltooiing van *Het Boek Van Het Violet En De Dood,* allerminst rust gegund zou zijn, omdat ik onmiddellijk daarna aan een groot, mystiek martelboek, *Mars in Scorpio* geheten, zou moeten beginnen. Als ook dat ooit gereed zou komen, hoop ik, dat althans Hendrik Senator Algra het zal mogen meemaken, maar ik denk van niet, want ik heb me voor die tijd, neem ik aan, wel dood gedronken, en dat is misschien maar beter ook. Het hindert niet – ik bedoel ik moet nu eenmaal schrijven, maar het maakt niet uit hoeveel, noch, of het ooit gereed komt. Want ook als ik niets meer zal schrijven, of indien wat ik geschreven heb waardeloos, bespottelijk en verachtelijk is, dan nog zullen heel mijn nutteloos, ellendig leven en al mijn waardeloos geschrijf geweest zijn tot glorie van Gods onbegrijpelijke Majesteit.

Behalve dat ik de vaardigheid heb ontwikkeld om geluid-loos de kurk van een wijnfles te halen – eerst bijna eruit, daarna even wachten tot de ijle lucht in de hals is aangevuld, en dan met de vingers een beetje wrikken, heel zachtjes – heb ik weinig meer te melden. Al zijn ze vlakbij, ze merken niks, en het glas kun je beter gewoon, leeg natuurlijk, in een zak van je colbertje houden. Weet u wat heel fijn zou wezen? Als ik een gedicht kon schrijven waar alles in stond, zodat ik nooit meer een gedicht hoefde te schrijven. Soms ligt in één enkel woord al heel veel besloten – Van O. herinnert zich, hoe hij eens, in Rotterdam, drieëndertig jaar geleden, op een bovenhuis, tijdens een aldaar in een achterkamer gehouden politieke vergadering, een kind in een box zich moeizaam op zijn rachitische beentjes overeind zag worstelen en het, nadat het de bovenrand van het hekje had omklemd, hoorde zeggen: 'Arbeiderstactiek'. Het verleden, dat weet wat. We kunnen ons bij veel dingen beter neerleggen. Ik weet, dat het zo heeft moeten zijn, dat het Geld gekomen is, nu het me als bron van genietingen niets meer zegt – er is eigenlijk niets meer, dat ik werkelijk begeer, behalve om ergens te kunnen zitten waar ik niet kan worden verdreven en waar ik kan schrijven, en waar ik alleen maar de wind, dreunend en trekkend als een eb, door de zware bomen van het kerkhof behoef te horen, en niet Ado Broodboom met het vocaal ensemble De Blauwbaardjes. Dat is alles, en ik neem nu afscheid. Vaarwel, vaarwel!

BRIEF DOOR TRANEN UITGEWIST

Greonterp, 14 Oktober 1964.

Van de bomen rond het kerkhof zijn de meeste bladeren al af, en in de tuin is bijna alles uitgebloeid; slechts de heilige bloem, een eenzame chrysant, is kortelings begonnen met bloeien ten teken dat we weer, met forse tred, het grote feest van Allerzielen naderen. Een verre hond blaft, over een dak heen daalt, voor enkele ogenblikken, de geur neer van een vroeg aangemaakt fornuis, en even onontkoombaar als altijd zijn de gedachten en herinneringen aan vroeger. Ik moet denken aan allen die ik gekend heb, en die nu dood zijn.

Dit is geschreven in ongekende zwaarmoedigheid en immer toenemende wanhoop; toen de schrijver 3½ dag niet had gedronken; nadat hij zich als een krankzinnige gedragen had. Voor de orkestmeester. Een herfstlied, of avondzang. Ik zou wel willen, dat deze brief vol zachtheid en tederheid kon zijn, met somtijds huiveringen van stilte en Aandacht, en geheel zonder gramschap jegens enig schepsel; ik zou willen dat hij een ieder die hem leest stil moge maken, en sommigen zelfs aan het schreien moge brengen – want dat is het hoogste. Dat verlang ik en hoop ik, terwijl ik aan het raam zit en naar buiten staar. Het is helder weer, en windstil, maar toch is het soms, of ik van verre een ijle, klagende stem hoor, als van de wind door de toppen van een duister naaldwoud. (Kom je gauw? Ja hoor, ik kom zo. *Warte nur, warte nur.*)

Het licht, en de kleur van de hemel doen me denken aan het weer van misschien een maand of vier geleden, toen ik, op een Zaterdagmiddag denk ik, bij Wimie langs ging om wat dingen uit te zoeken die Prijsdier en hij apart hadden gezet omdat ze er geen waarde meer aan hechtten, terwijl ik ze misschien nog wilde hebben. Na de gewone, altijd een beetje overdreven begroeting, klom ik die middag meteen de ladder op naar het boven de zogenaamde *studio* gelegen 'martelkamertje voor jonge Duitse toeristen', waar ze de niet meer gewenste voorwerpen hadden neergezet. Toen ik boven was gekomen en de voorwerpen op de vloer zag staan in het schrale, oude zonlicht dat door het stoffige raam aan de voorzijde naar binnen viel, ging ik, na het luik boven aan de ladder achter me te hebben gesloten, op de lege indertijd nog door mij getimmerde brits zitten en begon ik, huiverend en doodstil, voor me uit te staren. Alles was die middag anders dan vandaag – het vertrek en het uitzicht, over enkele verweerde pannen daken, evenzeer, maar toch was alles hetzelfde. Ik bleef lange tijd boven. Toen ik weer beneden kwam, vroeg Wimie, wat ik in godsnaam al die tijd gedaan had. Ik zei, dat ik me als een razende aan het voortplanten was geweest, en dat was ook zo, tweemaal, maar, als altijd, was ik er alleen maar geiler door geworden. 'Laten we naar bed gaan.' Dat kon niet, om een of andere reden. Hindert ook niet, zei ik, ik red me wel en jij hoeft niks te doen, als je je broek maar wat openmaakt en naar beneden doet, of je mag hem aanhouden en dicht laten ook, als je maar zo gaat staan dat hij spant, verder maakt het niks uit, Geil Beest, Wrede Prins, Eénsporige Jongensruiter, ik zal je opgeilen en strelen en bewonderen terwijl je die en die Jongen berijdt, etc. Ik had wel iets gedronken, thuis, maar haast niks, echt niet de moeite waard. Toen werd er gebeld en petroleum gebracht, en het was ook nogal laat in de middag geworden, beseften we, dus gingen we maar gewoon zitten en begonnen we wat te praten. Hij en Prijsdier hadden al van alles in huis gehaald voor het weekeinde, zodat we begonnen stevige hoeveelheden oude jenever te drinken, uit de ijskast, en terwijl ik het eerste glas, een flink wijnglas, voorzichtig en eerbiedig optilde, schoot ik in de lach omdat ik me opeens herinnerde hoe, jaren en jaren geleden, toen ik in Groet, onder Schoorl, in een zomerhuisje van mijn broer zat, een man in een ander, permanent bedoeld zomerkrot ernaast, die in een soort huisindustrie blokkendozen vervaardigde in een serie die 'Okkie Aap' heette, en die schilderde, schreef, dichtte en verder, volgens zijn eigen verklaring, 'alles wat maar mooi was' probeerde te maken, mij eens een eigengemaakt gedicht tegen alcoholische dranken had voorgelezen, waarvan elk couplet eindigde met: *'Tumblers vol met pareldroppen / Schallend, lallend vochtfestijn'*. Waarom ik juist daaraan moest denken, weet ik niet, en ik kon met moeite aan Wimie uitleggen, waarom ik in de lach was geschoten – aan een ander kun je toch nooit iets duidelijk maken. Die dichter, schilder, schrijver en blokkendoosmaker is niet veel later failliet gegaan, en is toen vertrokken voor een voetreis van Den Helder naar Gibraltar, helemaal lopend langs de kust – je vraagt je soms af wat iemand bezielt.

We zaten dus te praten, Wimie en ik, en terwijl het licht in de kamer heel langzaam geringer werd, keek ik telkens door het raam naar buiten. Het uitzicht, op de achtergevels van allerlei huizen, was nog bijna precies hetzelfde als toen ik er nog woonde, behalve dat er inmiddels één huis was afgebroken. Ik tuurde naar een raamkozijn, niet zo ver weg, dat er erg verweerd en haveloos uitzag, grijs geverfd, maar die verflaag was er al bijna helemaal af, zodat er een oudere laag te voorschijn was gekomen van meer blauwachtig grijs. De bovenste, bijna verdwenen verflaag was van misschien wel vijfentwintig, dertig jaar geleden, maar de laag die nu zichtbaar was geworden, was van nog veel langer geleden, misschien wel van twintig jaar daarvoor, en niemand zou ooit kunnen vaststellen wie het geweest was, die toen dat kozijn geschilderd had. Misschien was het wel een heel mooie, zich nogal brutaal aanstellende maar eigenlijk erg verlegen en lieve jongen geweest, die in het geheim, zonder dat hij het ooit aan iemand heeft durven vertellen, verliefd was op een jonge timmerman bij dezelfde baas, 1½ jaar ouder dan hijzelf, die hij aanbad en met wie hij uit vissen ging, zowat elke Zondag, en naar wie hij dan van opzij, of in de waterspiegeling, in wanhopige aanbidding hele middagen zat te kijken terwijl hij onhoorbaar zuchtte. Het zou zelfs kunnen dat hij nog in leven was, peinsde ik, heel oud, wonend bij familie die hem zijn spaargeld afhandig had gemaakt en in een hoek uit een houten nap liet eten, maar niemand zou ooit zijn naam weten.

Wimie schonk ons allebei nog eens in. Weet je nog wel hoe we toen en toen, met die en die, daar en daar hebben zitten zuipen? Dat komt nooit meer terug – nee, nooit meer. Ik probeerde monter te blijven door veel te praten, en dikwijls, luid en snuivend, te lachen. Om me heen, op de vloer, stond alles wat ik van het zoldertje naar beneden had gehaald om mee te nemen: een boeket donkerrode, grote plastic rozen – waar ik lang geleden van plan was geweest heel kleine lampjes binnenin te maken – in een massief glazen standaard met gaatjes; nog een, kleiner, bosje roze roosjes in een flesje; drie plastic prunustakjes staande in een lege portfles van een zending van Beschermer Q., van jaren geleden; een rood glazen vissersbal; een bovenschedel die Wimie, misschien wel tien jaar geleden, in de Parijse catacomben uit de wand had getrokken en snel in een door mij opengehouden strandtas had gestopt, waarna er enkele ogenblikken een geweldig gekraak was geweest door een algemene verzakking in de opstapeling, die echter, voordat hij iemands aandacht had getrokken, weer was opgehouden; welke schedel we in het hotel in het bidet uitwasten en besloten 'Frédérique' te noemen, want we stelden ons toen nog enorm aan; een aan de overwinning van Longway in 1914 gewijd Duits gedenkbord en, in een kringetje op de mat gezeten, met hun gezichtjes naar elkaar toe, de vier Dieren; om te beginnen het konijn met roze oren van binnen, dat ik Wimie in 1962, een paar weken na zijn verjaardag, in Londen gegeven had; dan het koala beertje, dat ik veel langer geleden voor hem gekocht had, ik denk in het voorjaar van 1957, ook in Londen, vermoedelijk kort voordat we uit Engeland weggingen: het was bijna lente geworden, toen, en we kregen veertien dagen kunstbroeder W. zijn buitenhuis, in Suffolk, tot onze beschikking, dat toen nog geen elektriciteit had en waarvan de schoorsteen slecht trok, vooral als de wind uit een ongunstige hoek waaide en de kleine salamander, in het kamertje boven, geweldig hoestte en plofte – des middags, in een nevel van kachelrook, speelde Wimie daar op de viool een sonate van Bach of Händel, in elk geval van één van die pruikekoppen, waarnaar ik stil luisterde terwijl ik uitkeek over het akkerland waarop soms, keffend, een fazant voortschreed. (Kunstbroeder had een hele kist laten bezorgen vol met fruit en drank – twee hele flessen gin, twee hele flessen droge Martini, twee flessen droge sherry, en een half flesje whisky van een goed merk – maar we begrepen niet, dat het voor ons was en dorsten er niets van te gebruiken, behalve het fruit, telkens wanneer iets ervan het bederf te dicht genaderd was.)

Het koala beertje sliep in die dagen bij ons in bed, en heette Alexander – ik kan het ook niet helpen, want we hebben altijd eerlijk ons best gedaan om oorspronkelijk te doen.

Het derde dier was een vrij grote panda, die ik, een paar jaar na de koala beer, en ik denk ook in Londen, voor Wimie kocht, en die 'Heer Panda' of gewoon 'Panda' heette. Het vierde dier was een vosje – net als het konijn, zonder naam – dat ik in het voorjaar van 1962 in West-Berlijn gekocht had. (Op het kamertje had ik ook het ezeltje aangetroffen, dat ik Prijsdier, omdat hij indertijd toch 'ook een beetje jarig was', gelijktijdig met het konijn uit de Galeries Modernes aan Wimie, gegeven had; ik had het niet mee naar beneden genomen omdat ik eigenlijk wel wilde, dat hij het zou houden en bewaren, omdat hij het immers van mij gekregen had. Als Wimie dood is, bedacht ik bijna in tranen, moeten Prijsdier en de jonge Indische Nederlander R. maar met elkaar trouwen.)

We dronken maar weer een dubbele borrel – de Schorpioen kan erg gul en charmant zijn, als hij wil. Het werd nu snel donker, en ik kreeg steeds talrijker en veelsoortiger gedachten, alle op zichzelf wel interessant, maar waar je niks aan had, en ook veel te schetsmatig. Weinig kon ik vermoeden, dat ik een paar maanden later weer precies zo aan een raam zou zitten, met weer alles heel anders, en toch zou alles hetzelfde zijn: dat was een dag of tien geleden het geval, hier in het dorp, ten huize van de dichter Nico V., toen deze de oude bard Gerard d. B. te logeren had. Het had Nico dagenlange voorbereidingen gekost om de bij het vuur of open vlam vermoedelijk ontploffende dichtervorst uit Amsterdam mee te voeren, waar d. B. eindelijk, op de zoveelste overeengekomen dag, warempel niet naar Café E. was gegaan, maar in zijn etagewoning reeds des morgens om zeven uur boven aan de trap – die hij niet afdurfde – was gaan zitten, hoewel Nico pas om twee uur 's middags zou komen. Het transport was geen gemakkelijk karwei geweest, en had tot diep in de avond geduurd, omdat bij elke wisseling van paarden, in Alkmaar zowel als in Den Oever en Bolsward, één- of tweemaal een dubbele oude in een cola genuttigd moest worden. De literkruik drank, die caféhouder E. bovendien voor onderweg had meegegeven, was in de bus naar Bolsward al leeggeraakt en, onder gebrul en gejuich, met hoofd uit het portier, uit de Bolswarder taxi de nacht ingeslingerd. De volgende dag konden bezoekers van Nico zijn zomerwoning de oude, moegeklonken zanger, rafelig als een zelfs voor de slacht te oud geworden hoen, in een leunstoel in de woonkamer zien zitten, waar hij afwisselend probeerde ons plaatselijk advertentieblad te ontcijferen en een sigaret te rollen, wat geen van beide lukte, want hij zag veel te dubbel, of soms zelfs alles op zijn kop, en zijn handen waren te gezwollen om verfijnde bewegingen mogelijk te maken. Zo was de eerste droge dag verlopen. Na vijf dagen op sap en melk kon hij al enigszins duidelijk zien, zich door het huis bewegen en samenhangende mededelingen doen, terwijl zijn oogleden al veel minder etterden. Zijn voeten echter waren nog steeds lelijk opgezet.

De olifantjesschrijfster A. v. B., die inmiddels toevallig

ook bij Nico was komen logeren, ging van tijd tot tijd naast d. B. zijn stoel op haar hurken zitten om dan zachtjes te vragen: 'Jan' (want Gerard d. B. heet immers eigenlijk Jan), 'je wilt zeker nu wel je glaasje karnemelk?' 'Jezus Christus, dat is nog wat anders dan het lied van de *tumblers vol met pareldroppen*,' dacht ik, terwijl ik in ontzetting toekeek. 'Stel je voor, dat ik me dat ooit zou moeten laten aanleunen.'

Toen ik de volgende middag weer langs kwam, was alles echter, volgens mijn indruk, weer tot zijn natuurlijk evenwicht teruggebracht: de olifantjesschrijfster A. v. B. was alweer weg, en de dichtervorst zelf zat in zijn, nu dicht aan het raam geschoven stoel onbezorgd te babbelen, met vlak naast zich, op de vensterbank, alle geopend, een fles brandewijn, een fles koetsier en een lichtgroene fles van dat afschuwelijke, vierkante, naar onderen smaller lopende model, waarin jonge jenever zat, waar ik niet erg gek op ben, al is het natuurlijk beter dan niks. Hij dronk gestaag, maar niet overhaast, en er hing in het anders nogal vochtig riekende vertrek een prettige cafélucht. Het landschap beviel hem goed, deelde hij mede. 'Het is mooi hier, verdomd mooi.'

De drooglegging was niet langer vol te houden geweest, begreep ik uit Nico zijn relaas, die de vorige avond ten slotte maar 'het een en ander in huis had gehaald'. Op de vloer stond al aardig wat statiegeld bij elkaar, als je het zou optellen, zag ik. De honderd gulden die caféhouder E. voor reis- en verblijfkosten had meegegeven, waren al lang op, behalve het gedeelte voor de terugreis, en dat een beetje naar boven afgerond, waar Nico niet aan wilde komen. 'Schenk hem eens in. Je wilt toch wel wat?' Nou ja, ik wilde best wat, want het zag er vreemd uit, buiten, zo doodstil dat je alweer aan van alles denken moest – je had echt iets nodig. Op brandewijn ben ik niet gek, ik ken het trouwens te weinig, en ik vind het een beetje te ijl en te vluchtig, niet olieachtig genoeg bedoel ik, dus koos ik toch maar de oude jenever, die Nico me maar eens moest inschenken, vooruit, niet zeuren, nee, in een waterglas moest het, en dat voor meer dan de helft vol –

hij lette door zijn ziekenfondsbril goed op. Van een ander zijn centen is het goed schenken. Nico vreest waarlijk God, vind ik, en wijkt van het kwaad: hij heeft al verscheidene keren eerder de dichtervorst uit de woestenij van staal en beton die grote stad heet, opgehaald om hem buiten te laten bijkomen. Dit was de eerste keer in Greonterp – de keren daarvoor woonde Nico in Epe in een huisje dat vlak bij een café stond, zodat hij een overgordijn iets dichtgetrokken moest houden omdat anders d. B. de hele dag het reclamebord van Kabouter voor zijn neus had. Dat bord was ook vanuit de plee te zien, zodat Nico in het kozijntje matglas heeft gezet, zogenaamd omdat 'kampeerders aldoor naar binnen loerden'. De caféhouder was bovendien verwittigd dat hij d. B. niet mocht tappen, een aardige strop, want het café liep maar matig, wat de eigenaar weet aan het feit dat het iets achterwaarts uit de rooilijn lag, zodat automobilisten, mede door het dicht geboomte, het niet of te laat opmerkten; om hierin te voorzien, wilde hij aan de weg een bord plaatsen, maar de vereiste toestemming daartoe werd hem onthouden. Om het zicht op zijn café althans iets te verruimen, besloot hij een grote boom wat uit te dunnen, klom erin met een zaag, en begon op flinke hoogte een zware tak af te zagen, maar, precies als op kluchtige plaatjes in een gezinsblad, aan de verkeerde kant, tussen hemzelf en de stam; bij zijn val beschadigde hij zijn Geheime Delen en brak hij zijn bekken, waarna hij nooit helemaal is hersteld en ongeveer een jaar later gestorven is. Seks, Drank en Dood, deze drie; maar de meeste van deze is de Dood.

We bleven de hele verdere middag zitten drinken en praten. De oude bard begon te vertellen over de tijd, een jaar of vijfentwintig geleden, toen hij nog loketambtenaar bij de posterijen was geweest. Ik was nieuwsgierig, hoeveel jaren hij sindsdien al dronk, en hoeveel per dag. Al die tijd al, hoorden we. Elke dag? Ja hoor, elke dag. En hoeveel per dag? Een liter? Of anderhalf? Zowat daartussen in, Koekebakker, zowat daartussen in.

Nico vertelde, hoe hij op school zijn eigen vader als meester had. Het kon altijd nog erger dan je dacht, overwoog ik. Zijn verhaal schoof geleidelijk verder, van de ene droefenis in de andere, tot aan de laatste oorlogswinter waarin hij samen met een verpleegster met wie hij zich verbeeldde te zullen trouwen, achter de linies van de oprukkende geallieerden de gesneuvelden begroef, wier lijken altijd beroofd waren, en die altijd met opengeknoopte kleding op hun rug lagen te midden van familiekiekjes en brieven die door de uitsluitend naar geile foto's zoekende rover in het rond geworpen waren, en altijd met een afgesneden manlijkheid. Ik werd er stil van, en zei, na een tijdje, dat hij 'dat allemaal eens moest opschrijven'. Zelf vertelde ik niks. Wel moest ik aldoor aan vroeger denken, maar ik kon er niet over praten, en keek stom voor me uit, over het polderland, tot aan de toren van Workum toe, in de buurt waarvan misschien iemand als ik ook in een kamer aan het raam zat en aan vroeger dacht, maar er evenmin een woord over kon zeggen. Ik probeerde me hem voor te stellen: goed gebouwd, eigenlijk wel knap en aantrekkelijk, een angstwekkende grote Roede van grove, vrijwel dierlijke proporties hanterend achter het magisch traliewerk van de raamvitrage (in de kamer bevonden zich, volgens mij, een cilinderbureau, een stapel kalenders en op de vloer een groot aantal schoenendozen, al wist ik niet wat ze bevatten) en loerend naar timmerleerlingen, jonge boerenknechten, de voor een winkelportiek op hun fietsen samenklittende leerlingen van een ambachtsschool, hun kruis, met schrijnende kracht, op de stang van hun fietsframe gespreid, en loopjongens; steunend en blazend, soms gezicht tegen vitrage en ruit drukkend en God vervloekend dat hij hem niet in een bocht kijkend geschapen had; als het nog iets helderder was geweest, had ik het raam moeten kunnen zien. Maar ik kon niets niemendal voor hem doen: je werd oud, en je werd ziek, en dan stierf je, zo was het toch. Wat had die man aan gezeik en verpleegsterspraat? (Ik vermoedde ook niet dat hij het zou waarderen als ik op mijn hurken naast zijn stoel zou komen zitten om hem te vragen of hij soms een glaasje karnemelk wenste.) En trouwens, het was een enorm eind weg – ik schatte het, zelfs als het voetpad op de toeristenkaart bestond en klopte, op wel twee uur lopen. Gewoon doordrinken, jongen, dacht ik, en verder niks. Tumblers, pareldroppen, parelende lach, en zo verder. Maar hij had vast geen ijskast en het was nogal verraderlijk, om het lauw en zo schielijk te drinken. (In mijn helderziendheid had ik namelijk waargenomen, dat hij een kruik in een laars op de vloer had staan, opdat klanten niks zouden zien als ze binnenkwamen, want hij had één of andere onwaarschijnlijke en totaal verlopen nering, terwijl ouders die hun zoons iets lieten brengen altijd zeiden: niet naar binnen gaan, denk erom, blijf maar aan de deur staan – misschien hadden ze daar nog wel gelijk in ook.)

Hoewel ik ze afweerde door telkens te gaan neuriën, kwamen de doden weer opzetten. Opeens doemde, verschrikkelijk duidelijk, mompelend, snuivend en verkouden als altijd, Mijk de Swaan op, misschien wel omdat onze eerste kennismaking, geloof ik, op het platteland had plaatsgevonden, bij een met dit vergelijkbaar uitzicht op weilanden, tijdens een wandeling op de grens van duin en polder, in de vallende avond van een late zomer. Hij was een beschermer van kunsten en wetenschappen, en moest naar alle festivals toe – 'dwangarbeid in de kunst' zei hij zelf – en hield in het geheim van Alpenjodel. Van degenen, voor wie hij deze voorkeur verborgen moest houden, waren nu nog pas enkelen ontslapen, maar de gedachte dat de overigen, vroeg of laat, zouden moeten volgen, waarna ook hunne haat en nijdigheid zouden vergaan, schonk mij enige troost.

Inmiddels besprak de dichtervorst de ijdelheid en dwaasheid van enig dienstverband. De hiërarchie op een kantoor had op den duur een slechte invloed op het karakter van de mensen, meende hij, zodat velen zichzelf, ten onrechte, met hun functie gingen vereenzelvigen en van lieverlede verbeelding kregen. Hij had al een keer, onmiddellijk nadat zijn chef naar achteren was geweest, rode inkt in de plee gegoten, om daarna terug te komen hollen met de angstige mededeling: 'Wie komt er net van het toilet af? Allemaal bloed!...' Ten slotte had hij zichzelf een postzegel van 1½ cent op het voorhoofd geplakt en was op handen en voeten, blaffend, door het postkantoor gaan rennen – wat hij daarmee bedoelde wist hij niet, maar zo ging het niet langer, er moest iets gebeuren.

Er was veel ellende en bitterheid en onbegrip in de wereld, zoveel was wel zeker. Er was altijd wel wat, bedacht ik. Maar de kunst, die kon iemand soms nog een beetje troost geven. Ik ging hartstikke mooie gedichten schrijven. *Oud en verzopen, blij als iemand je nog groet.* Ineens was die regel er, die ik moest zorgen niet kwijt te raken. Microkosmos, macrokosmos. Alles was nu bijna goed, en de kleine, klamme kamer met de thans door de afkoelende avond geleidelijk bewasemd rakende ramen en lelijke meubelen beviel me uitstekend. Het was totaal verkeerd, slaaf te worden van bezit of van al te fraaie of te comfortabele inrichting ener woning, peinsde ik. Wanneer was nog niet zeker, maar het stond nu, eindelijk, onomstotelijk vast dat ik de boeken, verhalen en gedichten zou gaan schrijven over de *Schone en Meedogenloze Jongen*: hoe ik met hem op hetzelfde schip reisde; het Verhaal van de Meedogenloze Jongen in de Trein; dat van de Meedogenloze Jongen heersend in het afgelegen, de gehele streek overziend maar onzichtbaar en zonder geheime kaart onvindbaar Slot; en ook dat van de Meedogenloze Jongen, glimlachend op zijn groen of blauw fluwelen Troon in de Grot, die Professor Sickbock, allerminst een dor beoefenaar der exacte wetenschap, want immers een gevallen bosgod, belangeloos voorzien had van alle moderne apparatuur. Eindelijk, in de herfst des levens, en terwijl ik reeds in de verte de sferenmuziek der stervenden hoorde, zou ik mij voor God kunnen rechtvaardigen, als ik schreef hoe ik de *Meedogenloze Jongen* zou eren en dienen zonder ooit iets meer te verlangen dan dat hij mij niet de koortsige hoop zou ontnemen, dat ik eens, nadat ik hem zou hebben geholpen bij het traag en langdurig martelen van Loeki uit de film *Mensen Van Morgen*, zijn hemd zou mogen lostrekken en zijn rug en lendenen zou mogen aanraken en zijn donzen borst strelen, waarin ik zijn hart van vindingrijke wreedheid zou voelen dreunen; om dan, als in een duizeling, mijn hand te laten afdalen, onder zijn broekriem door, tot ik zijn kloppende, van bloed verzadigde dolk en levensboom zou voelen, die ik niet meer zou loslaten voordat hij mij zou zegenen en ik zijn Heilig Vocht, in een weldadige, verzengende gloeiing, in mijn handpalm zou voelen spuiten. (– Mammie, droomt hij dat nou allemaal, of is het echt? – Kind, niet zo zeuren.)

Ik werd ongelooflijk treurig, maar toch ook erg gelukkig, terwijl ik bedacht dat ik zonder einde de Meedogenloze Jongen zou moeten nareizen, maar steeds zijn trein juist het station uit zou zien stomen; of ik zou aan de kade staan en hij, alweer met een op het punt zich te ontvouwen glimlach, zou aan de reling staan van het schip dat al te ver van de wal zou zijn, en ik zou voelen, hoe mij het hart, als in een verstikkende pijn, langzaam maar grondig uit de borstkas werd gescheurd. Dokters konden me niet helpen, al was de psychologie een prachtwetenschap waardoor je precies kon lezen waarom je je de hele dag afrukte en bij mooi weer altijd een depressie kreeg. 'Hij is 17½, en onsterfelijk,' zei ik. 'Een jongen en toch al helemaal een man – meer valt er echt niet van te zeggen.' Nico was bezig de bard in de bedstede te helpen. Ze hadden het juist over de definitieve samenstelling van het heelal gehad, en wat je van het wereldraadsel denken moest. 'Als er daarginds geen kroegen zijn, interesseert het mij geen bal,' zei de bard met duidelijke overtuiging. Toen Nico hem van zijn schoenen en bril had ontdaan, sliep hij al, en hoefden we alleen nog wat dekens over hem heen te leggen. We vonden het binnenshuis wat benauwd geworden, en gingen in de tuin zitten. Nog steeds was het windstil, en niet koud, al begon zich hier en daar al een klein beetje nevel te vormen. Of ik iets wilde. Alles was op, behalve de brandewijn, waarvan zeker nog een halve liter over was. 'Geef maar,' zei ik, 'je kan niet plotseling ophouden, want dat is gevaarlijk, dat heb ik gelezen. Schenk me maar in. God zal het je lonen.' We dronken uit waterglazen. 'Je moet me gewóon alles vertellen,' zei ik. 'Ik ben altijd geïnteresseerd, weet je dat? Ook als ik niks zeg, luister ik wel degelijk.' Dat was eigenlijk ook zo.

'Je moet lezingen houden, jongen,' ging ik voort, 'dat is het hele eieren eten. Niet echt over een onderwerp, maar over jezelf, hoe je toen en toen leefde, en hoe je ertoe kwam en zo stom was om ooit te gaan schrijven, dat het allemaal van binnen uit je kwam: de kleine menselijke dingen, dat willen ze horen, ik zweer het je.' Nico bleef echter in twijfel trekken, of hij over zichzelf en zijn leven een lezing kon houden. 'Neem nou dat verhaal over die caféhouder, met die boomtak, dat is toch waarachtig niet niks,' zei ik. 'Daar nemen de mensen wat van mee. En dat van die leesbibliotheek, met die toonbank. Je hoeft het alleen maar neer te schrijven.' Dat sloeg op een verhaal, dat Nico me had gedaan uit zijn journalistentijd bij een dagblad in X., waar hij zijn vroegere vrouw T. had ontmoet, die daar tot de kleine notabelen behoorde maar een hekel had aan de middenstandszaak die ze samen met haar toenmalige man dreef, en daarom een leesbibliotheek was begonnen in een winkeltje waarin een gereformeerde boekhouder illegaal woonde, die in de toonbank sliep; het was gebruik om 's nachts, na nachtzittingen over kunst en cultuur in de branding, op het hok boven de winkel, bij het verlaten van het pand in het voorbijgaan een fikse vuistslag op de toonbank te geven waardoor de man in doodsschrik overeind vloog en met een daverende klap zijn kop stootte. 'Ze geloven je misschien niet, jongen,' zei ik, 'maar dat ligt aan jezelf, hoe of je het brengt, want het is goud waard. En dat van die man toen, in de gracht.' Dat gegeven had betrekking op Nico's reddingspogingen van een drenkeling in de Lauriergracht, toen er al een vlies ijs op het water lag. Hij was toevallig nog heel laat 's nachts op geweest en

had een paar keer iets gehoord dat wel iets weg had van hulp-
geroep. Toen hij ten slotte de trappen af en de straatdeur uit
was gerend had hij nog net in het water een glazig starend
oog en een zwarte, bochelachtige, door een plastic regenjas
gevormde blaas gezien. Te water springend, was hij erin geslaagd de drenkeling, een zwaar beschonken en reeds half be-
wusteloze man, naar de kant te slepen en daar diens hoofd
boven water te krijgen, maar aldaar moest hij tot zijn hals in
de gracht blijven staan, want de walkant was te hoog en er
was nergens iemand te zien geweest. Op zijn eindeloos hulp-
geroep was ten slotte een raam opengegaan waaruit een man
geschreeuwd had: 'Moordenaars! Ik wil slapen!' waarna het
raam weer was toegeklapt. Na ongeveer een kwartier was
een 24-jarige schilderes langsgekomen, die zich onmiddellijk eveneens te water begaf, en toen stonden ze met hun
drieën in de gracht. Daarna had kennelijk toch iemand de
politie opgebeld, want die had hen gedrieën ten slotte op de
kant gekregen. De drenkeling had er, blijkens een krantebe-
richt van de volgende dag, het leven afgebracht, maar Nico
had nooit meer iets van hem gehoord. De schilderes was nog
eens een keer langs geweest en had tot Nico, die meteen verliefd op haar was geworden, gezegd dat ze het zo jammer
vond dat ze niet eerder ter plaatse was geweest, want het was
toch beter geweest als alleen zij, in plaats van 'zo'n oude
man', de drenkeling was nagesprongen. Nico was toen 35 of
36 geweest. 'Maar toch, jongen,' hield ik vol, 'over dat soort
dingen moet je het hebben. Alle meiden die op zo'n lezing
komen die kan je naaien, je weet beslist niet hoe je moet kiezen, zoveel aanbod is er, en als je weer naar huis gaat heb je
gewoon geen ruggemerg meer over. En je krijgt nog allerlei
dingen in natura mee ook, waar hun mannen of familie handel in drijven, verduurzaamd vlees, ik noem maar wat, of
kostbare toiletartikelen, een duur reisnecessaire bijvoorbeeld, en dat moet je aannemen, al gebruik je zo'n mal ding
nooit, want je kunt het altijd verkopen. Nuchterheid, daar
komt het op aan. We moeten eindelijk eens zakelijk worden.'

Nico werd langzamerhand stil. Ik praatte nog wat voort, maar mijn eigen stem klonk mij reeds toe als die van een vreemde. De nevel was dichter en klammer geworden en had hier en daar reeds de toppen van het bijna één meter hoge onkruid bereikt. Het begon kil te worden en het was wel de tijd om op te breken, maar, als altijd, had die soort verlamming bezit van me genomen, waarbij men alleen maar staart en piekert, en zich ternauwernood meer verroert. Onder mijn stoel stond de fles brandewijn, nog voor ⅓ vol. Dat moest eerst maar eens op. De gedachten kwamen nog wel, in overvloed zelfs, maar ze hadden zo goed als niets meer met elkaar te maken, en lieten zich niet meer in een betoog of rangschikking van enige geldigheid onderbrengen. 'En voorts alles wat maar treurig is en zal worden te voorschijn gebracht,' mompelde ik.

Wat wel van groot belang was, bedacht ik, was het maken van een werkplan. Ik probeerde schattingen en berekeningen in de tijd te maken om ongeveer te bepalen, wanneer ik aan het eerste Verhaal van de Meedogenloze Jongen zou kunnen beginnen. Eerst moest het huis klaar zijn, dan moest alles heel ordelijk en schoon zijn, en papier, kruikje inkt en kroontjespen moesten in een zo voltooid mogelijke harmonie op tafel liggen. Dan, na een wandeling, gedurende welke ik hardop zou profeteren, zou ik terugkomen en aan tafel gaan zitten (ik zou van top tot teen heel schoon gewassen zijn) en de tekst zou moeten beginnen met een regel zoals tevoren niet door enig mensenkind geschreven, en zoals nadien nooit meer door iemand zou worden neergezet.

Maar ik moest niet de studie onderschatten, die aan het eigenlijke werk vooraf moest gaan, want ik zou, voor een juiste beschrijving van bijvoorbeeld de kleding van de Meedogenloze Jongen, die immers iedere dag, of dikwijls zelfs twee- of driemaal per dag, een ander pak, broek, windjack, T-shirt of regenjas zou aantrekken, mij terdege in de kennis van stoffen moeten verdiepen: hoe zou ik anders de eindeloze gevarieerde, uit de kostbaarste en vaak zeldzaamste textielsoorten vervaardigde kledingstukken op verantwoorde wijze kunnen beschrijven? Hier viel mij in, dat de jonge Indische Nederlander R. vrij veel van stoffen af wist, want ik herinnerde mij dat hij het wel eens over een truitje met een *col* had gehad, en mij zeker van advies zou kunnen dienen, maar dan was het verstandiger als ik geheim hield dat het niet voor mezelf was, anders had ik meteen weer ruzie – ik moest een of andere smoes bedenken, besloot ik.

Al met al zou het wel Kerstmis geworden zijn voor ik aan het eigenlijke schrijfwerk zou kunnen beginnen. Hoofdzaak was, dat ik van nu af aan van alle beelden en gedachten die zich aan mij zouden voordoen, zo spoedig mogelijk notities maakte. Onnoemelijk veel zag ik nu voor me en doemde voor me op, maar het ellendige was, dat ik niks bij me had om mee te schrijven, en ik wilde Nico niet om schrijfgerei lastig vallen, die roerloos voor zich uit zat te staren, niks meer wilde hebben, en niet of nauwelijks merkte dat ik mijzelf met korte tussenpozen bleef inschenken. Waar het op aankwam, begreep ik nu, was te proberen alles zo goed mogelijk te onthouden, bijvoorbeeld door het uit het hoofd te leren, zodat ik het later alsnog zou kunnen neerschrijven.

Thans werd mij een Gezicht gegeven, en keek ik de woonkamer binnen van een huis aan een gracht; het was wel donker aan het worden, maar toch zag ik duidelijk de lelijke, zware, met groen pluche op de zittingen beklede stoelen, waartegen men lelijk knieën of schenen kan bezeren waarbij het veerwerk een hoge, roestige galm doet horen. (Als ze omvallen, stort de zitting eruit, want die rust los in het stoellichaam.) Ook zag ik helder en scherp, dat op de zwart marmeren schoorsteenmantel een wollen kleed lag. Kalenders waren er ook, volop. De kachel was een gewone ronde Etna, zwart geëmailleerd met chroom op de vulklep, vuurhaarddeur en deur van de aslade. In de kamer zag ik een jongen van een jaar of achttien, negentien, die eerst bij de tafel stond maar zich nu, traag en verveeld, naar het raam begaf. Buiten was het ongewoon helder, en de hemel boven de huizen aan de overkant van de gracht was vurig en rood van de laatste namiddagzon. De jongen was niet buitensporig knap, maar had wel iets aandoenlijk liefs in zijn gezicht, vooral door het haar bij zijn oortjes en slapen. Nu zag ik in het late licht ook nog duidelijk, dat hij een of ander donker uniform droeg, en ik was er haast wel zeker van, dat het van de marine was. Zeer waarschijnlijk was mijn waarneming juist, want nu richtte zich in een hoek van de kamer zijn moeder op, die een grote weekeindtas of plunjezak had leeggeschud en bezig was de inhoud te sorteren, en opeens wist ik, als door een straling die tot mij doordrong, dat het zijn wasgoed was, en dat het aanraken en uitzoeken ervan de vrouw vervulde met een bijna niet te dragen groot geluk, want de jongen was haar enige zoon, die voor een weekeindverlof daarnet was thuisgekomen.

Maar ook zag ik, dat de jongen in het geheel niet gelukkig was. Hij had het te warm – dat zag ik zelfs nog duidelijk in het snel schaarser wordende licht – en zou het liefste meteen de stad in zijn gegaan, maar hij was nog maar net thuis en zijn moeder had voor het enige, onmeetbaar grote geluk in haar leven alle bekrompen zuinigheid terzijde gezet en het vuur in de kachel tot een oranje gloed achter de micaruit opgevoerd. De jongen bleef naar buiten staren, en in zijn blik waren ongeduld, ergernis, en machteloos verdriet. Maar wat moest ik doen? Wel vermoedde ik, dat het visioen mij was toegezonden door de Meedogenloze Jongen, die wilde dat ik mij op weg begaf om de marinejongen op te halen en 'ter kennismaking' bij hem te brengen, maar uit niets kon worden vastgesteld, waar dat huis en die kamer zich bevonden. 'Ik wil alles voor je doen,' fluisterde ik, 'alles. Ik zal hem gaan zoeken als jij dat wilt en zo lang als je maar wilt, maar ik zie niet eens een straatnaam, dus ik weet niet eens in wat voor stad het is.' Ik zou maanden lang alle grachten van alle steden moeten aflopen, traplopen en ladders moeten vragen om ook in de bovenetages naar binnen te kunnen kijken, maar in die tijd zou de marinejongen allang weer naar zijn 'smaldeel' zijn teruggekeerd, dus het had geen zin.

Alles was tranen. Nog geen zeven maanden geleden had Wimie voor Prijsdier een fysiekboekje gekocht met een jongen buitenop, voor ƒ 4,75 of ongeveer dat bedrag, maar toen hij het thuis openmaakte, stonden er alleen maar blote meiden in, met platte tietjes. Ook herinnerde ik mij, dat, vijfendertig of zesendertig jaar geleden, mijn moeder aan de ingang van de dierentuin een ballon voor me wilde kopen en hoe de koopman, hoewel er volop ronde, rode ballonnen aan de tros zaten, een gele, komkommervormige ballon aan mijn pols was begonnen vast te binden; na van ontzetting enkele seconden tot ademloze verlamming te zijn veroordeeld, begon ik te schreeuwen en te krijsen tot de verschrikking ongedaan was gemaakt en ik een gewone, ronde, mensenballon kreeg. In dit geval was het nog op het nippertje goed afgelopen, maar men moest altijd voorbereid zijn op het ergste, dat was wel het verstandigst.

Al schurkend en krabbend was ik in de voering van mijn jasje op een eindje potlood gestuit, en toen ik het te voorschijn had gebracht, bleek het zelfs nog een punt te hebben. Ik kon dus notities maken, mits ik papier had. Tegen een rozestruik lag een krant, die de dichtervorst bij het buiten lezen kennelijk uit de handen was gewaaid. Ik ging haar pakken, zat even doodstil en probeerde iets op te schrijven op de marge, maar het papier was veel te klam en te zacht en het potloodje ging er doorheen. *Wie zijn zaken goed beheert / En geregeld adverteert, / Zorgt dat zijn zaak marcheert, / Bereikt het doel dat hij begeert*, vermeldde een kadertje. Op mijn hand drupte een traan. Nico had niets in de gaten. Ik zocht eerst in mijn zakken en opende toen mijn portefeuille, en trok er ten slotte een brief uit, waarop nogal wat onbeschreven ruimte was vrijgebleven, maar in plaats van iets op te schrijven, las ik hem opnieuw: 'U bent nog jong genoeg en u kunt schrijven, doe dat dan maar hou op met steeds over geslachtsdelen te schrijven, men praat toch ook niet altijd over de andere lichaamsdelen. Als u een goed boek schrijft, waar u *karakters* uitbeeldt en ze voor ons zet of we ze zien, lelijke of mooie karakters, dat doet er niet toe. Een verslag over uw reisje met als hoofdschotel zuipen en zwijnerij, daar hebben we geen behoefte aan. / B. Velthuyzen-Lezer / Bosdrift 281 / Dit ter oriëntering: ik heb geen bekrompen ideeën, mijn geestelijke opvoeding was de socialistische partij, instituut voor Volksontwikkeling, Bentveld en veel lezen.'

Nico kwam even bij uit een peinzend gedommel, en vroeg of hij me nog iets mocht inschenken. Natuurlijk jongen, maar laten we oppassen dat we de glazen niet omstoten in het gras – zet ze stevig neer.

Ik borg de brief weer weg. Bij het doorzoeken van mijn zakken had ik eerst niets anders te voorschijn gebracht dan half vervilte buskaartjes, rolletjes blauwachtig, ondetermineerbaar stof, en een kaartje voor de grafkelder te Wieuwerd. Ik hield het allemaal nog bijeengepropt in mijn hand. Ik had het niet moeten doen, dat zoeken nu: alles, maar dan ook alles was tranen, want bij de aanblik van de vodjes papier hoorde ik zeevogels en overspoelde mij een herinnering, die mijn ogen weer nat maakte: hoe ik, laat in de middag of vroeg in de avond, op het strand van Algeciras, een jongen, weliswaar met zijn eigen goedkeuring, maar met veel te veel geestdrift mijnerzijds, met mijn riem had afgetuigd, en hoe hij daarna op zijn lila badhanddoek had zitten huilen. Op school leerden ze je niet, wat je in zulke situaties moest doen of zeggen. In een krankzinnig mengsel van Spaans, Frans en Engels had ik gevatte opmerkingen gedebiteerd in de trant van dat het 'in mijn bloed zat' en dat ik 'ook maar gestuurd werd', maar in werkelijkheid was ik zelf bijna mee begonnen te janken. Met laffe, bevende stem had ik hem gevraagd wat hij deed en hoe hij heette, en waar hij woonde, want ik wilde hem iets sturen. De gegevens schreef ik op een doosje of stukje papier, dat weet ik nog goed. Ik geloof, dat hij Julio of José heette, en textieldessins ontwierp. Hij woonde nummer zoveel en dertig in een straat in het centrum van Algeciras, en volgde een cursus Engels. Inderdaad verstond hij een paar Engelse zinnen. Ik wilde hem drank sturen of brengen, en *The Acrobat & Other Stories* geven, maar 's avonds, in het hotel, kon ik het papiertje, of doosje, of de snipper verpakkingsmateriaal waar het op moest staan, niet meer vinden, en zat ik met dezelfde zinloze rolletjes en kaartjes in mijn handen. 'Bosdrift'.

(Uit de Diepten. O Geest, Gij die nooit tevergeefs gezocht wordt, ook indien Gij nimmer gevonden wordt, wil U toch aan mij openbaren. Indien het Uw stem is, zal ik hem herkennen en weten, dat Gij het zijt, die spreekt.)

Ik stond op. 'Denk je dat de dichtervorst straks nog wakker wordt?' vroeg ik. 'Dan kan ik wat aardappelen voor hem koken, dat is geen moeite.' Nico dacht van niet. 'Nou, dan ga ik ook maar slapen.'

Alles moest zo zijn, maar begrijpen kon men het niet. Er stond ons stellig nog veel meer te wachten, want een paar dagen tevoren, toen ik een brief was gaan posten, had ik een dier met mensenoren in een mand in een boom zien zitten, en zoiets kon nauwelijks iets goeds aankondigen. Een massa dingen kon je beter niet eens proberen. Dat gedicht bijvoorbeeld, waar alles in moest staan, zodat ik nooit meer een gedicht behoefde te schrijven, en er tevens aan alle getob van alle dichters een einde zou zijn gemaakt, dat kon nooit bestaan, want het zou een soort literair perpetuum mobile moeten wezen, en dat was niet mogelijk.

Maar vermoedelijk was zelfs alles een illusie. God was de enige Werkelijkheid, en wij waren slechts werkelijk in zoverre Hij in ons was, en wij in Hem. Indien dit zo was, en indien het waar was, dat God Liefde was, dan moest dit betekenen, dat wij slechts werkelijk bestonden, in zoverre we liefhadden.

'Bosdrift'. Ik wist, bedacht ik terwijl ik naar huis strompelde, ergens in Amsterdam aan een gracht een wrak van een motorfiets te staan, een *Indian*, en die zou ik op een nacht wegslepen en rood lakken, en door een aantal, niet eens kostbare, bepaalde voorzieningen, vooral aan het zadel, zou ik er een martelverhoorstoel, ten gebruike door de Meedogenloze Jongen, van maken, en die aan hem komen brengen en aanbieden, om hem mijn grenzeloze liefde te tonen.

Waar was de Meedogenloze Jongen op dit ogenblik? Ik bleef staan. Opeens zag ik hem liggen, en dat was het wonderlijke: in een kleine kaki tent, in de tuin van zijn paleis. Ik zag verder niemand. Eén van de helften van de voorhang van het tentje was opgeslagen, en daardoor kwam het, dat ik hem duidelijk kon zien liggen, in zijn deken gerold, op het grondzeiltje, en zonder matras. Er was een teer, roerloos licht van een stormlampje, dat heel laag brandde. Eén van zijn armen was bloot, en zijn hoofd was iets opzij gezakt, half weggegleden van de opgerolde trui die hem tot kussen diende. Zijn wimpers waren neergeslagen en hij sliep, zijn mond iets geopend. Wat kon het betekenen dat hij, de Meedogenloze Jongen, nu zelf even weerloos was als iedere jongen, die hij onderwierp en bezat? Zijn tent was onder de mensen. Het liet zich niet bevatten, want het was het Mysterie aller mysteriën, woordloos, maar toch zou ik het aan alle koningen, tongen en natiën moeten verkondigen, zo lang als ik nog adem had en leefde.

BRIEF IN DE NACHT GESCHREVEN

Greonterp, 17 Maart 1965.
In de stilte van de nacht. Uit de diepten. Nadat hij 9 dagen aan één stuk door gedronken had, maar je kon niets aan hem zien. Een zang, terwijl hij naar de duisternis ging. Voor de orkestmeester. Een nachtlied. Een lied van overgave, want op U wacht ik, en op U alleen, o Eeuwige.

Vannacht zag ik, als in een laat winterlicht, mijn oude school in het Betondorp weer voor me, en opeens begreep ik, dat uit de gestalte van dit gebouw, indien iemand het verstand had bezeten, reeds toen de zekerheid van de oorlog en al zijn rampen berekend had kunnen worden. Ook doemden weer de communistische jeugdkampen voor me op, met hun altijd onbeschrijflijk slecht – vrijwel tot onbegrijpelijkheid toe – uit het Duits vertaalde leuzen en liederen, voor welker teksten ik mij, om een of andere reden, verschrikkelijk schaamde; eerst thans begrijp ik, dat deze kampen niet anders geweest zijn dan aankondigingen, in een schijnbaar onschuldige vorm, van de concentratiekampen en vernietigingskampen die nog moesten komen. En ten slotte, langzaam omhoog komend in de paarse duisternis, rees weer het vale gezicht voor me op van de oude kunstschilder N., die thans reeds jaren dood moet zijn, maar die twintig jaar geleden, op een ochtend in Februari of Maart 1945, in de huiskamer van zijn etagewoning in Amsterdam-Zuid, terwijl zijn dochter hem tevergeefs tot kalmte en zitten gaan maande mij met holle, hortende stem toeriep 'dat hij alles al jaren geleden gezien had', zoals hij ook nu reeds het vuur zag, dat 'in een enkel ogenblik één, twee steden zou verteren'.

Na het licht te hebben aangeknipt, tuurde ik lange tijd naar een grillig verlopende scheur in het behang naast het bed, en overwoog ik, dat, indien iemand de vorm ervan zou kunnen uitleggen en duiden, hij dan tevens de taal der dieren zou kunnen verstaan, aardkabouters zou kunnen bespieden, etc. Het tobben had een aanvang genomen. Ik begon na te denken over de zin van mijn bestaan en, vooral, over de geldigheid van mijn schrijverschap.

Ik had vrijwel de gehele nacht wakker gelegen. Bijna altijd, wanneer ik niet slapen kan, moet ik denken aan mijn jeugd totdat ik, starend in het duister, het benauwd begin te krijgen en denk te zullen stikken. Dan maak ik licht, en sta ik op, en soms ga ik dan, huiverend, aan de schrijftafel beneden zitten, maar nooit heb ik de moed kunnen vergaren om iets op te schrijven: hoe immers zou het ooit aan iemand anders duidelijk gemaakt kunnen worden? Deze morgen echter is alles, voor het eerst, anders: op dit ogenblik, terwijl het nog nacht is maar buiten het licht reeds daagt, zie ik en weet ik, dat ik het zal neerschrijven, ook al zou niemand ooit één regel ervan begrijpen. Ik mag nooit meer iets anders schrijven dan wat ik zie, en wie ik ben.

Ik weet niet waarom juist nu, met onafwijsbare kracht, de herinnering zich aan mij opdringt aan een voorval van negen jaren geleden, toen ik, in de tram, meende mijn vroegere tekenleraar op het gymnasium, Van S., te zien, bij wie ik, in vier jaren tijds, drie tekeningen van dezelfde Keulse pot maakte. (Ik kwam stil en bedrukt thuis, maar vertelde het aan niemand.) Het moet een zinsbegoocheling zijn geweest, want ik had al vele jaren daarvoor gehoord, dat hij dood en begraven was. Zo begint weer, onafwendbaar, de voortschuiving van mijn herinneringen, die ik ditmaal besloten heb niet te verzegelen, want misschien is de tijd nabij, waarop al deze ongeloofwaardige en nooit ergens verband mee houdende invallen, nauwelijks verwoordbaar, als flarden van niet voleindigde gesprekken en nooit voltooide, dubbelzinnige beweringen zonder duidelijke herkomst, te zamen gevoegd zullen worden tot een door mij nimmer geweten profetie.

Zoals de ene gedachte de andere oproept, moet ik thans denken aan een andere leerkracht van die zo bijzondere en beroemde school, waarop ik vier ellendige jaren heb doorgebracht: de lerares in de biologie 'Dr.' B. (bij het aannemen van de telefoon noemde ze altijd uitdrukkelijk haar titel), die ook dood is, al 22 jaar, zodat de kans dat ik haar nog in de tram kan zien zitten, miniem klein is geworden. Niettemin rijst haar gestalte maar al te zichtbaar voor me op, en hoor ik nog zeer duidelijk haar snerpende, telkens overslaande stem, waarmede ze, ongeveer elke twee maanden, een helemaal 'nieuw' systeem van onderricht aankondigde, met alweer een ander soort cahiers, andere, losbladige, lesboeken en revolutionaire, natuurlijk nimmer in gebruik genomen foliomappen vol slecht gereproduceerde, botanische onzin. Haar lesuren bestonden uit hees, verward geschreeuw dat ik met een droge keel, als in een trance, doorstond, eindeloos mijn lid beroerend terwijl ik tegelijkertijd zowel op mijn boeken staarde als, uit waakzaamheid, telkens ook voor mij uit loerde. Ik hoopte met al mijn hartstocht, dat ze, ongelooflijk dom en onhandig als ze met al haar gekrijs was, eindelijk eens met een beest in een fles zou struikelen en de alcohol of formaline, al dan niet met de glasscherven, in haar smoel zou krijgen, maar zoiets is natuurlijk nooit gebeurd.

Aan elke door haar georganiseerde vrijwillige excursie, of elk gebeuren waarover zij zeggenschap had maar waaraan men niet verplicht was deel te nemen, wist ik mij met een grimmige, zogenaamd zwakzinnige of vergeetachtige, maar in werkelijkheid onwrikbare besluitvastheid te onttrekken. Ik heb niets bij haar geleerd, zoals ook niemand ooit iets bij haar zou hebben kunnen leren. Wel matigde ze zich elk najaar bemoeienis aan met een door een of andere jeugdbond op touw gezette studietocht naar bos en heide, waar het materiaal werd vergaard voor de grote jaarlijkse paddestoelententoonstelling die op enorme, met aarde en mos bedekte pingpongtafels, in de fietsenkelder van de school, werd ingericht. Jongens uit een andere klas dan de mijne slaagden er eens in, de tentoonstelling, toen die bijna gereed was, te besluipen en, met grote precisie, de hoeden van dozijnen paddestoelen onderling te verwisselen en met spelden, die ze tot onzichtbare diepte indreven, weer stevig vast te zetten. Omdat voor Dr. B. alles nut moest hebben, niets ongemoeid kon worden gelaten, en alles dienstbaar moest worden gemaakt aan haar bemoeizucht, werd, al meteen na de opening van de tentoonstelling, een hele klas aan het determineren gezet, waarbij natuurlijk niemand uit de vervalsingen wijs kon worden. Hen die het ogenblik hadden meegemaakt waarop ze, na het gewone woeste getier over zoveel luiheid en domheid, eindelijk het bedrog had ontdekt, bleef ik steeds uitvragen, en telkens opnieuw moesten zij mij vertellen hoe Dr. B., gebogen over het vochtige, naar stront en rottende schoenen riekende mosdek, gekeken had, en hoe haar stem bij de eerste paar woorden die ze had kunnen uitbrengen, geklonken had. Haar verwoede pogingen om te weten te komen wie de daders waren geweest, leverden niets op. Ik zinspeelde soms, bij het doorvertellen van het gebeurde, op een eigen aandeel, hoewel ik maar al te goed wist dat ik voor zoiets veel te laf en te weinig vindingrijk was, al zon ik voortdurend op een verschrikkelijke daad, die ik 'Dr.' B. zou kunnen aandoen. Misschien heeft ze iets van mijn door schier onbeperkte roedeknedingen gevoede haat waargenomen, want gedurende mijn laatste jaar op die school greep ze mij eens, toen we na de ochtendpauze weer naar binnen stroomden, in de gang bij mijn kraag om mij de vraag toe te bijten, of ik 'daarnet van de meisjes-W.C. kwam'. Mijn haat maakte mijn hese woorden van ontkenning bijna onhoorbaar.

Het bericht van haar dood, door zelfmoord, enige jaren later, in het kamp Westerbork, aan de vooravond van het aangekondigde transport naar de gaskamers in Polen, ontroerde mij niet, maar vervulde mij slechts met verwondering: had dan dit wezen, als ik, gevoelens, angst en wanhoop gekend?

Velen die dood zijn, verhongerd, vergast, doodgeslagen, doodgeschoten of anderszins omgebracht, stijgen op uit de nacht: David K., als uitvaller neergeschoten of doodgevroren langs de weg tijdens een laatste dodenmars; zijn vader, al eerder, in het kamp zelf, van uitputting; Simon L., die misschien kon onderduiken in Friesland, maar al te moe was om er nog aan te willen beginnen; Bertje W. en haar broertje Leendert, samen met hun ouders, thuis, met vergif en gas, waarna ik het broertje zijn colbertkostuum gekregen en nog lang gedragen heb, een knap, slank jongetje, met wiens beeld voor ogen ik vaak mijn geheime deel had beroerd. (In het bezit van het kostuum gekomen kon ik, als ik het aanhad of mijn gezicht erin begroef, nog sneller de verzadiging bereiken, waarbij ik mij hem naakt, wel reeds dood, maar nog niet koud geworden, in mijn armen voorstelde. Seks en Dood, deze twee, reeds toen, want de Drank was nog niet gekomen.) En Ilsa haar man Karl, gevlucht naar Amsterdam, gepakt in Brussel, in Berlijn onthoofd. Ik weet niet, wat ik van hunne verschijningen moet denken, die mij oneindig droef maken, terwijl ik niemand er iets van kan uitleggen zonder kwaad te worden als de betrokkene een woord, of een naam, niet goed of maar half wenst te begrijpen. Maar als ik de waarheid moet neerschrijven dan is het deze: dat ik blij ben, dat 'Dr.' B. dood is, zodat ik haar nog wel in mijn verbeelding, maar niet meer in werkelijkheid kan tegenkomen of in enig openbaar vervoermiddel zien zitten – wat voor zin kan het hebben om te liegen of iets voor te wenden? Ik zie alleen maar de Dood.

Ik ben, in de loop der jaren, uit heel wat benauwde dromen over die school, die voor mij de chaos, de eenzaamheid en angst vertegenwoordigt, ontwaakt – vandaar dat ik hoop, dat generlei leerkracht of leerling van toen, uit leutigheid of uit welke andere overweging van gezelligheid dan ook, mij gaat aanschrijven of op enige andere wijze communicatie met mij gaat zoeken. Ik ben, dat heb ik al eerder opgemerkt, helemaal niet dol op het verleden, dat trouwens ook zonder correspondentie en zonder gesprekken al vaak genoeg, en met verpletterende kracht, komt opzetten: zoals een week of wat geleden, toen we bij Bullie van der K., in het naburige P., op bezoek waren: een hele tijd lang zei niemand iets, en keek ik stil uit over het landschap dat daar zo leeg is dat er niet eens iemand ergens in de verte, net als ik, ook aan een raam zou kunnen zitten, e.d., geen sprake van. Als er zo een stilte geweest is, moet ik er over schrijven, altijd weer, tot aan de Dood toe, dat weet ik nu, want het is niet anders.

(Terwijl iedereen zweeg, moest ik alweer denken aan de Duitse vluchteling, die wellicht éénendertig jaar geleden, bij ons thuis was ondergebracht, met een kapotte maag van het concentratiekamp, en die nog nooit de zee gezien had, en die toen met mij – opdat ik hem de weg kon wijzen zodat hij niet het gevaar zou lopen te worden gepakt en uitgeleverd – in de Haarlemse tram naar Zandvoort was gereisd en aan het strand sprakeloos de ondergaande zon had bekeken, terwijl ik in mijn alpinopetje zeebeesten had verzameld die ik later, op spiritus, nog jarenlang in een jampotje zou bewaren; en nu herinnerde ik me weer hoe de man, vóór de terugreis, een tablet chocolade van een gulden voor mij had gekocht, terwijl men reeds chocoladerepen, zij het tamelijk dunne, van drie voor een dubbeltje kon kopen, en hoe ik mij daarover nog lange tijd treurig en schuldig had gevoeld.)

Aldus zaten we daar, in de morgen, in Bullie zijn huis te P. dus, met buiten een roerloze hemel, peinzend bijeen: Teigetje, die nog niet helemaal hersteld was van een angina, het voorlopig Tweede Prijsdier C., die de automobiel tijdens Teigetje zijn ziekte bestuurd had, Bullie zelf, en ik. De dagen vergingen, beseften we maar al te goed, in schier ononderbroken Melancholie, zodat we een liter oude jenever hadden meegebracht, en nog een half litertje extra gekocht hadden, voor later gebruik door onszelf, thuis, dat we nog in de automobiel hadden gelaten. Weinig hadden we er nog een vermoeden van, dat alles weer op de wijze van 'en van je hup hup, naar het café' zou verlopen.

'Ach, gewoon wat zitten, en een beetje praten,' begon ik. 'Als je tenminste tijd hebt.' Die had Bullie wel. 'Niet almaar over vroeger, en ook geen gekanker, maar over problemen van artistieke vormgeving, bijvoorbeeld. Ik weet nu zo ongeveer, hoe je het moet aanpakken.'

Bullie was nog op zoek naar een geschikte plaats voor de jenever. Hij had geen ijskast en de, overigens wel geschikte, bodem van de bedsteekelder was te ver weg. Mede op mijn advies zette hij de kruik ten slotte voor het raam, tegen een tochtende kier, neer. Terwijl ik de bewegingen van zijn heupen onder zijn blauw verschoten spijkerbroek volgde, vond ik hem nog steeds geil, en overwoog ik spijtig, dat ik geen zusje van vijftien, zestien had, dat ik hem zou kunnen geven opdat hij haar, nadat ik haar onverbiddelijk zou hebben ontbloot, langdurig en grondig zou bezitten, etc.

We zogen na ons eerste glas, dat de Sappcn aangenaam in beweging had gezet, ons volgende reeds iets minder behoedzaam naar binnen. Een oude fonograaf zou nu iets moeten laten horen, bedacht ik opeens, en we zouden moeten kunnen uitkijken op het wrak van een automobiel, grijs of lichtblauw geschilderd, traag vergaand op een bakstenen voetstuk in de tuin, met vlierstruiken groeiend uit de motorkap, maar het één zou niet mogelijk zijn zonder het ander, hield ik mijzelf voor, want we zouden ons dan tevens de uiteenzettingen moeten laten welgevallen van een of ander artistiek wijf dat op karton schilderde, 'heel goed verkocht maar er nooit moeite voor deed', en ons piekfijn zou weten uiteen te zetten hoe je 'en helemaal niet duur', ongeveer tweeënhalf pond, jawel, mager rundvlees, klein gesneden en samen met knoflook even in de olijfolie aangebraden, daarna in 'zo'n hoge aarden pot', na toevoeging van twee, zeg 2½ flesje rode bordeaux, 'meesterlijk' gaar kon laten zeuren.

Toch voelde ik mij doorstraald door een levendmakende warmte. 'Scheppend kunstenaar, artistiek type, hoe is het?

Doekje opgezet maar kon niet op kleur komen, hè? Nee, eerlijk, niet om te pesten hoor, maar kom jij tot iets, tegenwoordig?'

'Ach, de mensen zijn altijd zo godverdomd vervelend.'

'Hoezo?' vroeg ik. 'Zijn er al samenscholingen voor je huis geweest? Hoeveel ben je ze schuldig?' Dat waren slechts enkele honderden guldens, niet de moeite waard. Hij had ze nu al zo ver, dat ze niet telkens, bij voorkeur op Vrijdag, het licht kwamen afsluiten en hem op zijn minst een weekeinde in het donker lieten zitten. 'Al kwam je ze op je knieën het geld brengen, denk maar niet dat zo'n lantaarnopsteker op Zaterdag of Zondag de boel weer kwam aanknippen,' morde hij.

'Het individu wordt verstikt,' beaamde ik. We namen nog een derde verversing, dat wil zeggen alleen Bullie en ik, want Tweede Prijsdier wilde voorlopig niets meer gebruiken omdat hij misschien nog moest rijden, en Teigetje weigerde ook, roerloos zittend, met zijn sjaal nog om.

'Je moet in het verborgene leven,' stelde ik. 'Het woord zelf zegt het al.' Hoewel ik wel degelijk beter wist en, diep in mijzelf, inzag dat, wat ik ook ging zeggen, mooipraterij zou zijn, omdat alles in werkelijkheid veel moeilijker en moeizamer was, begon ik, terwijl ik naar de grijze lucht tuurde en mijn gelaat 'een varkensleren masker' voelde worden, goedkope theorieën te ontvouwen met die lichtzinnigheid, die mij eigenlijk vreemd is, en waaraan ik reeds voordat enige zin ten einde toe gesproken is, diep en treurig moet twijfelen.

'Je kan het je eigen natuurlijk net zo moeilijk maken als je zelf wil,' begon ik. 'Maar stel, dat iemand een schilderij wil hebben waar bijvoorbeeld een stuk van zijn achtertuin op moet staan, plus hijzelf met een hark in zijn handen, en verder twee bromfietsen, een beetje nieuwer dan ze er in werkelijkheid uitzien, tegen de muur van een tuinschuurtje. Wat is er aan de hand? Helemaal niks, want dat kan je toch rustig allemaal schilderen? Die paar dingen die ik noem, die moeten er op voorkomen, dat wil die man nou eenmaal, en daar betaalt hij ook voor. Maar je houdt ik weet niet hoeveel ruimte over, waar je precies in kunt zetten wat je zelf wilt, een amortje of een venusje, zo'n scheve zonnewijzer van smeedijzer, twee katten die bijvoorbeeld stil zitten en naar elkaar kijken, of een loopvogel, helemaal vooraan, en die man die vindt dat niet erg, welnee, want als hij het niet meteen goed vindt dan zeg je dat het nodig is om de kleur van zijn gezicht wat op te halen, of omdat het perspectief van de bromfietsen te schraal werkt, je lult maar wat, maar ik denk dat die man het nog fijn vindt ook, want wat er allemaal extra op komt te staan, wat hij niet besteld heeft bedoel ik, dat kost hem niks extra, en de mensen die dat schilderij dan zien, die denken zou die man Latijns kennen, met die beeldjes vast en zeker, dacht jij van niet? Bach, die maakte ook wat als iemand jarig was, dan ging hij aan het bakken, toe, woe, tidi tidi joe, en het werd nog heel erg mooi ook.'

Het voorbeeld was instructief genoeg, en enorm goed bedoeld, maar het sloeg natuurlijk nergens op, want wie twee bromfietsen tegen een schuurtje staand geschilderd wilde hebben, die bestond helemaal niet; wel iemand met twee bromfietsen tegen een schuurtje, dat kon best, maar een schilderij zou hij nooit bestellen. Niemand bestelde toch, ooit, een schilderij? Waarom lulde ik er aldoor omheen? Daar kwam nog bij, dat Bullie helemaal niet schilderde, maar etste, en me al ongeveer vier keer het wonder had verteld dat was geschied toen zijn drankhandelaar, een half jaar of langer al geleden, door wat voor bevlieging dan ook, opeens een paar etsjes van hem gekocht had, voor in totaal driehonderd gulden – 'drie mud,' zoals Bullie het artistiek wenste uit te drukken – wat echter als het ware begin en einde van zijn nering, in één transactie, had ingehouden, terwijl de drankboer op schriftelijke voorstellen, tot ruilhandel in wederzijdse produkten, niet eens had geantwoord. Niettemin moest Bullie voort, met 50 gulden in de maand van zijn oude vader of stiefvader, die het huis voor hem gekocht had zodat tenminste dat niet onder zijn kont kon worden weggeveild,

en de 52 of 53 schoon die zijn op een naburige aardewerkfabriek geëmployeerde *verloofde* elke week meebracht ('vandaar dat je me elke vrijdagmiddag gegarandeerd thuis treft'),
die in de bus van en naar haar werk reeds enige malen door
plaatselijke aanhangers van de Gereformeerde Godsdienst
voor hoer was uitgescholden – voorbarige kwalificatie,
dunkt mij, van een meisje dat zich door een zelfgekozen man
laat bekennen en hem daarenboven nog haar door eigen arbeid en vlijt verkregen geld geeft – terwijl hij niet het juiste
papier had, op zink in plaats van op koper moest werken,
niet eens een eigen pers bezat, en zijn oude automobiel met
moeilijke portieren maar 'puike' motor, die hij had gehoopt
nog voor zoiets als vierhonderd gulden ('vier mud!') van de
hand te doen, in een sloot *total loss* had gereden. ('Ik was *lam*,
jongen. Ik zat bij Oofi, en ik wou weg, maar in plaats dat ze
me daar houden, dragen ze me met hun tweeën, Oofi met die
verloofde van haar, mijn auto in. Dat was nou echt onzin.')

Steeds duidelijker werd het me, welk een leugenachtigheid
ik aan het verkopen was, maar nog steeds kon ik niet ophouden. 'Goed, je zal zeggen dat ik van jullie vak de ballen af-
weet,' ging ik voort, nadat Bullie mijn kelkje, evenals het zijne, voor de derde of de vierde, of mogelijk ook voor de vijfde
keer gevuld had. 'Laat ik dan het schrijverschap nemen, dat
ik, met wisselend succes, pleeg te beoefenen.' De somber-
heid kroop nu behoorlijk naderbij. 'Stel, dat iemand bij me
komt, en een verhaal wil hebben van 22 pagina's, waar, ongeveer, globaal aangegeven, dat en dat in voor moet komen.
Het moet natuurlijk niet helemaal onzin zijn wat die man
wil, en ook niet iets wat helemaal geen verhaal is, of wat nog
in geen 122 pagina's gestopt zou kunnen worden, maar, als
het niet te gek is, en we komen tot een goede prijs, wat dacht
je? Dan schrijf ik dat verhaal, want ik schrijf het zoals *ik* het
schrijf, wat die man ook allemaal wil en opgeeft dat erin voor
moet komen, en het blijft *mijn* verhaal, en *mijn* werk.'

Dat was ook niets dan grootspraak, want een dergelijke
bestelling was nog nooit bij mij binnengekomen, noch, bij

mijn weten, bij enige kunstbroeder die ik kende, terwijl het ook niet waarschijnlijk was dat iemand mij ooit, voor geld, zulk een opdracht zou komen aanbieden. En opeens zag ik, in gruwelijke helderheid, de tobbing van allen die iets wilden maken dat de moeite waard was, en een paar centen bij elkaar krabben, en die maar voortsnelden over de aardkorst, immer voort, met hun portfolio's die ze nog vaak in de tram lieten liggen ook. De een redde zich soms, als je de verhalen vergeleek, beter dan de ander. Ik moest denken aan de schilder Sammie of Sallie Kooperberg, die ik nooit gekend of ontmoet of gezien had, maar van wie mij al heel lang geleden fragmenten van de legende waren overgeleverd, die ik in mijn hart bewaard had; Kooperberg, die er zich op liet voorstaan dat hij een naturalist was, en bijvoorbeeld van een stilleven met lucifersdoosje, het zijaanzicht van het doosje voorzag van een echt strijkvlak, teneinde, wanneer hij bezoekers een sigaret presenteerde, hen vuur te kunnen geven door aan het schilderij een lucifer te ontsteken, met de opmerking: 'Is dat naar het leven, of is dat niet naar het leven?' En die, alleen om een weddenschap te winnen, met een aktentas onder de arm, de loopplank van een binnenvaartschip was opgestapt om aan boord de schipper, zijn vrouw en alle kinderen zich naakt te laten uitkleden, 'voor de medische controle'; hij schijnt tot het laatste toe opgewekt en vindingrijk te zijn gebleven. De twee ongehuwde zusjes Pereira, of Texeira, hun heilige gedachtenis zij in ieder geval geloofd tot in eeuwigheid, die op of vlak bij het Jonas Daniël Meyerplein woonden, gaven hem vaak van hun eigen armoed te eten, stamppot of linzen of capucijners, mede door welke bijstand hij zijn naturalistische kunst kon blijven beoefenen, zijn dankbaarheid maskerend door te pogen de dames zo vaak mogelijk te choqueren of aan het schrikken te maken, zoals op een keer toen hij, in hun huiskamer strijkbout en strijkplank gereed aantreffend, onder de uitroep 'Even mijn lul opstrijken!' en hun geroep van 'Nee, nee, niet doen!' voor een uiting van jufferige preutsheid houdend, zijn roede te voorschijn had gebracht, op de plank had gelegd en er daarna krachtig de strijkbout op had gezet, die echter gebleken was nog gloeiend heet te zijn. 'Even mijn lul opstrijken.'

Portfolio's had ik heel wat gezien, peinsde ik, die men maar al te dikwijls, wegens het grote formaat, door botsingen in de bochten van donkere trappen, tot dwarrelende uitzaaiing van de collectie, uit zijn poten moest laten vallen, als men al niet zelf een doodsmak maakte.

Ik schudde het hoofd en dacht, heel stil zittend, opeens aan Thommy G., die nog maar een paar maanden dood was, en die de laatste keer dat hij in Amsterdam bij mij langs was geweest, ook een portfolio bij zich had gehad en had opengemaakt om mij zijn met zwarte inkt gemaakte pentekeningen te laten zien, opeenhopingen van snel uitgevoerde, lusachtige figuurtjes, die wellicht mensen uitbeeldden, zodat de tekeningen misschien menigtes moesten voorstellen ('massaatjes,' zei Teigetje later) die soms stilstaand, soms naar links of naar rechts in beweging zijnd, moesten worden begrepen. Toen hij er een paar op de vloer had gelegd, was ik er, zittend op het bed, naar begonnen te staren, maar ik kon er niks in zien, God mocht het me vergeven, en piekerde tot mijn kop zowat barstte om iets waarderends te bedenken dat ik er over zou kunnen zeggen, want ik was hem van lieverlede steeds liever en geiler gaan vinden, met zijn jongenshaar, zijn jongensgezicht en zijn schooljongenslichaam in violette of groene corduroy broek, en droomde ervan, hem eens in zijn Geheime Opening te mogen bezitten. Mijn gepieker was echter niet nodig, want de jonge kunstenaar had al een sigaret gerold van iets geweldigs krachtigs, *'weed'* met nog iets wittigs erdoorheen, zodat hij al na de eerste paar trekken om alles giechelde en één of twee, weinig belangwekkende mededelingen een groot aantal keren met vrijwel gelijkluidende woordkeus herhaalde en een paar maal opmerkte, dat hij alles 'hartstikke fijn' vond.

'Hebben ze namen? Ik bedoel: heb je ze titels gegeven?' vroeg ik. Nee, namen hadden zijn tekeningen niet. 'Maar dat moet wel,' betoogde ik. 'Laten we maar eens kijken.' Thommy begon met potlood, in goed leesbaar schrift, op een bloc-nootje, in opeenvolgende nummering, de benamingen op te schrijven, die ik, telkens als hij een nieuwe tekening te voor-schijn had getrokken, voorstelde. 'Je nummert de tekenin-gen zelf toch ook wel?' had ik hem nog gevraagd. 'Anders weet je bij wijze van spreken straks niet meer wat voor naam op wat voor tekening slaat.' Nee, dat onthield hij zo ook wel. 'Het is je eigen werk, en dat ken je natuurlijk,' had ik be-aamd.

Terwijl ik hem, nadat hij naast mij op het bed was komen zitten, telkens streelde en even aanhaalde, verzon ik de bena-mingen, waarvan ik me er niet één meer kan herinneren, al weet ik nog wel dat ze alle in de trant waren van *Structureel Doorzicht*', '*Entrissen sind wir dem Tageslicht*', '*Impasse 1964*', en dergelijke, alle met woest, geestdriftig gegier door Thommy begroet en genoteerd. Toch was ik nog steeds blij-ven piekeren, want, zo geil als ik van hem was, had ik er toch tegen opgezien om hem in al te vast verkeer over de vloer te krijgen, want hij kon, dat wist ik, in wat voor kamer ook, en net zo goed in een bed als op een divan, zonder bezwaar twintig uur aan één stuk door slapen, stond zelden vóór 's middags half één op, ging in geen geval ooit vóór een uur of drie 's nachts naar bed, en had me al een paar keer tegen mid-dernacht uit een of andere leuke kroeg opgebeld, 'dat ze nog even wat zaten te praten', maar dat hij 'beslist vóór enen' nog bij me was, en dat het zeker wel goed was als hij 'Leopardo' of 'Vitessa', of beiden, meebracht, onveranderlijk een slome haarboer respectievelijk een brochessmedende kunstnijver-heidstrut die, nog nauwelijks binnen en nog nooit van het begrip burengerucht gehoord hebbend, begonnen te zeuren over het ontbreken van muziek, meestal gevolgd door vage klachten dat ze wel 'trek' hadden – als ze al niet zelf je ijskast openrukten (Thommy zelf, hij ruste onder Gods vleugels, was helemaal niet zo); eigenlijk niets dus, dit alles, voor de 'burger-schrijver', want al durf ik niet te zweren dat ik er elke dag vóór zevenen uit en vóór middernacht weer in ben, het hoort wel zo te zijn, dat weet u trouwens even goed als ik.

Maar Thommy was dus dood, met gas, in de nieuwe flatwoning in H., van weer een geheel andere kunstnijveraarster of misschien sociologe, op de Zondagmorgen na Nieuwjaar, toen hij alleen in de woning was geweest en de slang van het fornuis had losgetrokken, met opzet of niet, daar kwamen ze zo gauw niet uit, want hij kon ook, wankelend van de *'weed'* waarmee hij zich weer had volgeblazen vóór het fornuis gestruikeld zijn en de slang daarbij hebben losgemaaid, en daarop hadden de autoriteiten het ten slotte maar gehouden, ook al omdat het er verder weinig vakkundig uit had gezien, niet met kop in de oven bijvoorbeeld, en ook niet met alles potdicht, want er had warempel nog een bovenlicht opengestaan. Toen dat alles was uitgezocht hoefden we alleen nog naar de crematie in Den Haag toe, op een Vrijdag. Teigetje en ik, samen met kandidaat-katholiek A., die wel een jaar of zes lang met Thommy 'had opgetrokken' en hem zelfs al gekend had in de tijd dat Thommy, omdat het 'thuis niet meer ging' in een of ander tehuis of jeugdhaven had gezeten, en die, van het doodsbericht af, aan allerdiepste neerslachtigheid ten prooi was geraakt. We gingen, wegens de nutteloosheid van een automobiel tijdens de spitsuren, met de trein. In het begin was ik, gesterkt door een flinke ochtenddronk, heel monter geweest, want ik houd eigenlijk wel van begrafenissen en dergelijke, maar van lieverlede was het me lelijk gaan tegenvallen, en was het me in de etablissementen van die merkwaardige, lijkverwerkende industrie, in de aula te machtig geworden, zodat, toen er na alle gegoochel met harmonikadeuren en de plotselinge aanblik van een lichtbak als in een bioscoop, die STILTE UITVAART vermeldde, nog een dominee bij gehaald bleek te zijn ook die al begon te bladeren en zijn keel schraapte, ik na een malle opmerking wild jankend naar buiten was gelopen, en bij het hek snikkend was blijven wachten, waar zich spoedig twee jongedames bij me hadden gevoegd die ook, maar iets later, tijdens de dominee zijn toespraak, waren weggelopen, en van wie de ene vertelde dat ze voor de oorlog vlak bij mij in de buurt had gewoond, in de Smaragdstraat of op het Smaragdplein, en in de oorlog als Jodin naar Engeland was ontkomen, en na de oorlog met een niet-Joodse Duitser, een chemicus, was getrouwd, om zichzelf 'nog meer te straffen', of wegens een soortgelijke theorie, wat ik allemaal natuurlijk niet meteen hoorde, maar pas veel later; de andere jongedame, met misschien een witte trui aan, en blond, die iets panterachtigs en ook wel lesbisch over zich had, vond ik meteen geil, op een bepaalde manier, als dat bijna lichtgevend roze snoepgoed dat het gehemelte stuk etst. Ik sprak in gierende, soms door een zonderlinge beweeglijkheid van mijn huig, stokkende uithalen, waarvan, ondanks mijn ontroering, de belachelijkheid, maar al te duidelijk tot mij doordrong, maar die de beide jongedames niet scheen op te vallen. De blonde en geile had in het centrum van Amsterdam in hetzelfde krot als Thommy een of ander atelier gehad, of had dit nog steeds, maar wat ze precies deed is mij niet bijgebleven, en ik geloof ook niet, dat ik het haar gevraagd of van haar gehoord heb – misschien had ze iets met handel of mode te maken, zoiets, denk ik. We stonden elkaar bij het hek een hele tijd gelijk te geven.

'Moet je horen,' zei ik toen. 'Ik moet hier blijven staan, want ik moet wachten op mijn vriend, en op nog iemand' – waar haalde ik de woorden vandaan? – 'en ik zie hier vlakbij niks dat op een drankzaak lijkt.' Inderdaad was het aan de overkant, tot zo ver als het oog reikte, allemaal kruideniers- en groentezaken, wat de klok sloeg. 'Kunnen jullie niet ergens iets gaan halen, kijk zelf maar, ik wacht hier wel, neem maar een hele oude, of een koetsier, of jonge, als jullie dat met alle geweld willen, en als jullie iets zien waar je echt erg gek op bent en het kost wat meer, dan is dat ook goed, maar schiet het dan wel even voor. En vijf rietjes.' Ik reikte de geile blonde een tientje aan. 'Maar geen vuiligheid, ik bedoel bessen, of Frambozen Rood, of dat soort gein, maar dat doen jullie toch niet, hè?'

Ze hadden een grote automobiel bij zich, die de geile blonde bestuurde. Juist toen ze wilden wegrijden om aan mijn verzoek te gaan voldoen, was de plechtigheid afgelopen, en voegden zich Teigetje en kandidaat-katholiek A. weer bij mij. We stelden ons aan elkaar voor. De beide dames moesten naar Amsterdam terug, net als wij, en wilden ons drieën best laten meerijden. Ik stelde voor, dat we met ons allen, op mijn kosten, eerst ergens iets zouden gaan drinken, kreeg het tientje terug, en stapte met de anderen in. De dames wisten een inderdaad uiterst treurige, vrij grote kroeg, alles donkerbruin geschilderd, met een Brabantse schouw, roze geruite valletjes of roezeltjes, barometer in houten vliegtuigpropeller, dat werk allemaal, en een zo overvloedige hoeveelheid vals antiek – keteltjes, doofpotjes en dergelijke – dat de borrel er een metaalsmaak van scheen te hebben gekregen. Wat aan de bar zat toen we binnenkwamen, was al flink doorgezakt, zo vroeg als het nog was. We bleven een klein uurtje hangen, gedurende welke tijd alleen A. en ik flink doorspoelden, terwijl Teigetje en de dames zich tot twee of drie beurten beperkten. Bij het afrekenen werd ik indachtig aan onze treinretourtjes, die we nog even, vóór de terugtocht naar Amsterdam, aan het station inwisselden. Ik zat daarna voorin naast de geile blonde, die misschien iets te hard, maar wel bekwaam en efficiënt reed, terwijl ik voortdurend aan haar zat, vooral aan haar nek en tietjes, tot aan het onklaar raken van allerlei ondergoedconstructies toe, want ik was nu werkelijk erg geil van haar geworden, bij het bezetene af, en moest en zou haar berijden, dacht ik. De bereidwilligheid en de vaag wellustige, tevens half onverschillige wijze, waarop ze mijn liefkozingen onderging, prikkelden mij steeds meer, en ik begon visioenen te krijgen van een even verborgen als perverse verhouding, waarbij ik een kind bij haar zou maken, uiteraard een zoon, die op een Frans kasteel door een oude Ezelin, helemaal grijs aan de zijkanten van haar snuit, in het geheim zou worden opgevoed.

In Amsterdam haalden we, in West, A. zijn vriendje

Pluum op, en reden toen langs het adres, in Buitenveldert of een andere gloednieuwe wijk, waar het andere meisje met haar *chemiker* woonde in een vrij chique flat met veel moderne kunst en een duur interieur, en waar we even pauzeerden en tal van nieuwe verversingen gebruikten om daarna, met ons zessen, en thans in twee automobielen vervoerd, in de stad Chinees te gaan eten. Alles was, bij wijze van spreken, nog in volle gang, en toch wist ik of voelde ik, dat, ondanks onze opgewonden gesprekken en ons ongeremd gelach, het hoogtepunt reeds voorbij was.

Ik bleef de geile blonde het hof maken, en ondervond nog steeds veel opwinding daarvan, maar het was reeds iets, dat niet meer 'doelgericht' was, en dat alleen uit onbewuste verveling voortkwam. Zij begon dan ook te zeuren over een 'vriendje', zoals ze hem zelf noemde, die al dan niet zou thuiskomen in haar nabijgelegen woning aan de Oude Waal of het 's Gravenhekje, en die mogelijk wat vroeger dan gewoonlijk zou kunnen zijn, en dan niet zou weten hoe of wat, want er zou geen briefje of boodschap liggen. We stapten na het eten snel op en reden langs haar huis, waar ik mee naar boven ging en de woning bezichtigde, een oud krot, dat ze heel aardig had laten opknappen, en waarin hier en daar een soort antiek stond dat mij imponeerde, ik vermoed zoiets als porseleinen kunstfruit of wit porseleinen vogeltjes onder stolpen. Van het 'vriendje' was nog geen spoor te bekennen. Voor mijn tamelijk nuchter geformuleerde voorstel dat ik haar in de waarlijk zeer gerieflijke slaapkamer deed, en volgens hetwelk ik na afloop van het nazitten bij ons thuis – want dat was het plan – met haar mee zou gaan en mij in haar eigen bed met haar zou verenigen, scheen zij nu weer vrij veel te voelen, maar ze piekerde, misschien alleen maar zogenaamd over het 'vriendje', dat het misschien niet goed zou vinden. Er viel geen beslissing, en we vertrokken weer, waarbij ik opeens niet meer naast haar mocht zitten maar achter in de auto moest plaatsnemen, want we gingen *vriendje* ergens ophalen, die in een bar werkte en beslist voorin zou moeten worden vervoerd. Vriendje was, toen we bij zijn kroeg langs kwamen, nog niet vrij, maar noteerde ons adres, en zou zich zo gauw mogelijk bij ons voegen. Op de eerste korte aanblik verbeeldde ik mij meteen, dat ik bloedgeil van hem was, en begon ik meteen nieuwe visioenen te ontwikkelen, van een nog ingewikkelder, nog verborgener en nog wreder soort intimiteit dan dewelke ik met de geile blonde zou smaken.

Bij mij thuis ging de stemming nog enige tijd schijnbaar omhoog. Na een goed half uur verscheen zelfs het vriendje, een jongen gekleed in veel zwaar, bruin corduroy, de Griekse beginselen waarschijnlijk soms wel, maar soms ook niet omhelzend, met een in het thans heel wat feller en minder rode licht weliswaar nog niet geheel onaantrekkelijk uiterlijk, maar met een veel en veel te hondachtig gezicht, besliste ik, zodat ik nu eigenlijk in geen van beiden, noch dus in geile blonde, noch in vriendje hond nog veel zin had.

Met de *chemiker*, die na één of twee jaar foutloos en bijna accentloos Nederlands sprak, begon ik een eindeloze gedachtenwisseling over niets, die hij uren lang moet hebben verdragen, tot ik mij, opeens, erg triest voelde worden, en, in mijn glas kijkend en weer aan Thommy denkend, stil voor me uit begon te koekeloeren. Kandidaat-katholiek A. had zich op mijn verzoek met het schenken belast, en deed dit zeer nauwgezet. Er was toevallig een grote verscheidenheid van dranken in huis, maar ik had hem opgestookt om volumineus en royaal lijkende, maar in werkelijkheid zo goedkoop mogelijke consumpties te distribueren, aan welke richtlijn hij zich met grote verantwoordelijkheid had gehouden. Van lieverlede konden, van mij, deze beperkingen vervallen: als men beslist oude wilde in plaats van de volop jonge die er nog was, dan mochten de twee nog gecapsuleerde literflessen oude jenever, helemaal achter in de ijskast verborgen, best aangebroken worden, en de in de mand met aardappels verstopte fles wodka mocht nu ook open. 'Maar geef mij eerst eens wat van die wodka, ik moet weten wat ik mijn gasten schenk: stel je voor dat er iets in zit dat niet goed is.' Hij bracht me een wijnglas vol, dat ik zo nadenkend mogelijk, als een theeproever, leegzoog, zonder dat ik echter een oordeel wist te vellen. Het smaakte eigenlijk naar niks, misschien omdat het niet koud was. 'Het kan wel, denk ik, serveer het maar, ik geloof niet dat er iets verkeerds in zit.' A. bracht me nog een glas, waar hij zo attent was geweest een stukje ijs in te doen. Ik stond op, en hief het glas voor een toost. 'Op de dood.' Nu moest eigenlijk iedereen maar weg, behalve natuurlijk Teigetje zelf, en A. met Pluum mochten ook nog wat nablijven, als ze dat wilden, natuurlijk. Het trof nu bijzonder gunstig, dat zowel de beide dames als de hondjongen en de *chemiker* nog een uurtje of wat 'de stad in wilden', naar *Le Fiacre* of *The Blue Note*, het kon zeker niet op, maar mij kregen ze zo gek niet: drinken hoorde je thuis te doen en alleen in een werkelijk noodgeval, zoals 's middags in Den Haag, in een café, en naar een nachtkroeg of nachtclub gaan, dat deed toch geen fatsoenlijk mens? Soms moest men echter, voor orde en vrede, de waarheid omkleden of voor zich houden, dus lulde ik maar wat over zware vermoeidheid, en dat ik hard gewerkt had de laatste paar dagen, dat soort uitvluchten, totdat ze gevieren vrij vlot, en zonder enig verwijt zelfs, vertrokken.

Teigetje en ik praatten nog wat na met A. en Pluum: dat alles heel treurig was – wie zou het loochenen? – en daarna gingen ook zij weg, naar huis.

'Veel opgezopen, zeker?' vroeg ik aan Teigetje. 'Ja, gaat nogal, nou ja, gewoon,' was zijn oordeel. Zelf had die schat haast niks gedronken, en heel goed op alles gelet, opdat er niks mis zou gaan. 'Veel stuk gegooid?' 'Nee, niks.' 'Nog gaten in de mat gebrand, of in de tafel?' 'Nee, hoor, alles heel.' 'Maar die zogenaamde wodka,' besliste ik, 'dat is een miskoop geweest. Ach, zoiets gebeurt nu eenmaal, het zit in het leven. Alles kost geld, tegenwoordig.'

Het dodenfeest was weer voorbij en had, naar ik uit een moeizame, rinkelende flessenschouw nog wist te schatten, inclusief het café in Den Haag, zoiets als vijftig gulden gekost

('½ mudje!'), wat misschien wel veel geld, maar toch niet te gek was, meende ik, want je had niet elke dag een crematie, en de treinretourtjes hadden we nog kunnen inwisselen, dat was verdomd pienter van me geweest, terwijl er, zoals al gezegd, niks aan scherven was gegaan. Thommy was voorgoed tot as verpoederd, zijn haar, en zijn oortjes, en zijn fraaie billetjes ook, alles, als ze hem tenminste meteen na het slot van de 'plechtigheid' op het vuur hadden gezet, waar ik aan twijfelde, want ik vertrouwde die fabriek daar, met hun plastic harmonikadeuren voor geen cent, en mij zou het niet verbazen als ze telkens van een hele week opspaarden, omdat één keer de kachel aanmaken tenslotte goedkoper is dan een heleboel keren apart – zoals ik al gezegd had, alles kostte geld, vandaag de dag, en voor niks ging de zon op. Maar als ze hem wèl in de kachel hadden gestopt, samen met de spanen binnenkist (de sierkist ging weer terug naar het depot), dan was hij nu as, zoals ook Sammie of Sallie Kooperberg, samen met zijn schilderijen en met het spanen strijkvlakje van het 'naar het leven' afgebeelde lucifersdoosje, voor eeuwig tot as was vergaan. De kans om Thommy nog eens in bed te krijgen was in elk geval grondig verkeken, en in rook opgegaan, het woord zei het al.

Terwijl Teigetje ons nachtleger in volmaakte gereedheid aan het brengen was, zag ik, al starend, de beperkingen van het bestaan van de kinderen der mensen duidelijk voor me, en de gestalte van Thommy smolt nu samen met die van een donkerblonde Jongen, die ik, zeg maar zes of zeven maanden tevoren, een jaar of 16, 17 oud, zo goed als zeker een Duitsertje, zonnebadend aan de luwe zijde van de dijk bij Molkwerum, met een zilveren zwembroekje aan, zo lang had staan beloeren tot ik er een droge keel van gekregen had. Nooit zou ik weten wie hij was, hoe hij heette, waar hij woonde en wat hij deed, want hij was natuurlijk, na zijn 12 of 15 dagen vakantie, met zijn dikke ouders weer teruggekeerd naar Hamburg, of Bremen, of Oldenburg, waar hij, in tegenstelling tot Thommy, stellig nog in leven was en bijvoorbeeld gewoon naar school ging, niet eens wetend wat een mooie jongen hij eigenlijk wel was, en voor eeuwig onvindbaar was geworden: toch stelde ik mij, terwijl ik nog steeds voor mij uit staarde, voor dat ik hem nog één laatste maal zou mogen zien nadat hij, bij het zwemmen verdronken en kort daarop aangespoeld, door mij in de doodstille namiddag aan het verlaten strand gevonden zou worden, waarna ik hem van zijn zilveren zwembroekje zou ontdoen om hem zeer langdurig te bezitten. Man, Vrouw, of Dode – de uitnemendheid van het een boven het ander was gene, want ze hadden enerlei adem. We gingen nu slapen, want we wilden de volgende dag zo tijdig mogelijk terug naar Friesland, en hadden nog veel boodschappen te doen, en van alles in te pakken.

De volgende middag, kort voor ons vertrek, kwam A. op de thuisweg van zijn kantoor nog even langs, om te horen hoe we de velerlei ervaringen van de vorige dag verwerkt hadden, en samen met hem maakte ik nog even de wodka op, die nu, zelfs uit de ijskast, nog steeds naar niks smaakte. 'Ik ga toch van de drank af, wist je dat?' deelde ik hem mede. 'Dus het maakt niks uit wat of ik drink. Laat ik dus eerst maar dit spul opmaken.'

A. droeg nog even wat bagage voor me naar beneden en ik, onbeschaamd met het volle glas in de hand naar buiten tredend en eruit drinkend, begon, terwijl we bij de automobiel stonden, uitvoerig met hem te babbelen. 'Dat ik er vanaf ga, van de fles en de kruik, dat is een ding dat vaststaat,' verzekerde ik hem. 'Hoewel je natuurlijk niet alles in het leven kunt regelen en organiseren, want waar blijf je dan. Sjonge sjonge.' Het meest was nu wel ingeladen, en ik ging maar vast, voor het gemak, in de auto zitten, ledigde mijn glas, en stak het bij me. 'Als de tijdgenoten er al niet uit wijs kunnen worden,' zei ik, door het geopende portierraam mijn mededelingen voortzettend, 'hoe zal dan het nageslacht er ooit een touw aan vast kunnen knopen? Ik heb daar een hard hoofd in.' Teigetje kwam nu ook de trap af, sloot de straatdeur af, stapte in, en we reden weg, nadat ik A. plechtig had gezegend.

Eigenlijk had dit het einde van de geschiedenis van Thommy zijn dood moeten zijn, maar een week of wat later had zijn moeder me nog een brief geschreven: of ik een idee had hoe het gekomen was, en wat er volgens mij precies gebeurd kon zijn, en of er misschien kwade opzet van anderen bij te pas kon zijn gekomen; waarop ik, naar diepste geweten en beste verstand, had geantwoord in een brief waarin ik ook dingen schreef over het bestaan der mensen, hoe ik dat zag, ook over God, en dergelijke, maar wat ik schreef dat was zo, zoals ik het voelde en geloofde dat het was, niks verzonnen, plechtig misschien wel, maar geen leugens of mooipraterij, en ook zonder iets te verzwijgen, behalve dat ik er maar niets in had gezet over de dijk bij Molkwerum. Ze had me kort daarop zelf, aan de deur in Amsterdam, een brief gebracht om me te bedanken, met daarbij, in stro verpakt, één van de twee flessen champagne die ze van Oud op Nieuw voor Thommy bewaard had tot ze gehoord had 'dat ze hem nooit meer zou zien'. Alweer hadden ze je nergens geleerd, wat je daarop moest doen of zeggen. De champagne kon je natuurlijk opdrinken, en dat heb ik dan ook gedaan, pang, op een Zondagmiddag, samen met Teigetje, kandidaat-katholiek A., en Pluum. Nadat ik het kippegaas van die mij altijd weer zonderling aandoende, pornografische kurk had gehaald en we te zamen geduldig op de knal hadden zitten wachten, had ik weer de gewone toost uitgebracht: 'Op de Dood.' De fles had in de ijskast gestaan, en pas toen hij bijna leeg was had ik op het etiket gelezen dat hij op $10\frac{1}{2}$ graad Celsius geschonken had moeten worden, jammer, maar er was niks meer aan te doen. We waren maar doorgegaan met sherry, want dat sloot goed aan, dachten we, en er was verder aan de middag ook niets bijzonders geweest. Wel had ik toen, net zoals nu in Bullie van der K. zijn huis in P., maar zitten denken en denken, over Thommy zijn portfolio, en of elk van de benamingen die ik indertijd aan de tekeningen gegeven had, nu wel bij het 'massaatje' was gebleven waar hij bij hoorde, of dat alles door elkaar was geraakt, al was het verkopen van de tekeningen nu niet meer urgent. Voor Bullie natuurlijk wel, het verkopen, waar hij niet veel van terecht bracht, tenminste zo lang als hij, met onbeschoftheid of sarrende onhebbelijkheid, de burelen van galeriedirecteuren bleef binnen stampen om daar zijn 'portfolio' te laten vallen, niet per ongeluk, maar bij voorkeur op de man zijn voeten mikkend, waardoor zijn kansen op verkoop van zijn toch al incourante werkjes, vaak niet groter dan een Olympische postzegel, en uitdagende titels dragend als 'Portret van een Veer van mijn Eend', geenszins werden vergroot.

De tijd was inmiddels als een razende verstreken, en de literkruik was al leeg. Helemaal zonder zitten was niks waard, dus ging ik maar de halve liter, die we voor onszelf gereserveerd hadden, buiten uit de automobiel halen. Bullie riep zijn Peking-eend even binnen, om zich door het zeer aan hem verknochte dier, dat ononderbroken fluisterende en mompelende geluidjes maakte, te laten kussen en zijn stropdas in een verliefde, klappende beet van de vogel te laten vastklemmen. Daarna kwam zijn *verloofde*, Pamphylia thuis en serveerde hij ons allen een krachtige soep, die, in een grote pan, de gehele dag had staan trekken.

'Kan jij nog wat krijgen, hier in de buurt, na zessen?' wilde ik weten. 'Maar we kunnen ook naar een of ander etablissement gaan,' vervolgde ik, na enig nadenken. 'Goed, dat kost altijd wat meer, maar zo vreselijk veel kan het echt nooit uitmaken.'

Zo gingen we dan maar, na de soep, met zijn allen op weg, Teigetje en Bullie zijn verloofde voorin, en ik, met Bullie en Tweede Prijsdier, achterin, en begaven we ons, na kort beraad, naar een van de voornaamste kroegen van het nabijgelegen M., tijdens de rit waarheen ik Bullie begon uit te leggen, hoezeer ik wel naar de dood verlangde, en dat ik alleen nog maar leefde om zo veel mogelijk geld te verdienen dat ik aan Teigetje zou kunnen nalaten. 'Verder niks, weet je dat?'

'Kop op,' meende Bullie, en ook Tweede Prijsdier deed zijn best, mij op te monteren. Teigetje zei niets, en zag er vaal uit. Hij voelde zich toch wel goed? 'Ja hoor, alleen een beetje moe.'

In het café namen we nog verscheidene keren een versterking. Er moest iets bijzonders aan ons te zien zijn, want van lieverlede kwam meer dan de helft van de klanten om ons heen staan, misschien omdat ik Bullie en zijn verloofde hun kruizen, elk met één hand, stevig vasthield, en men zien wilde hoe dat zou aflopen, maar er gebeurde natuurlijk niets, behalve dat een plaatselijke notabel ook meende Bullie zijn verloofde te mogen betasten waarop Bullie hem streng terechtwees door hem met luide stem voor '*middelmatige HBS'er*' uit te schelden, een en ander, voor de bevolking, stof tot napraat voor minstens een half jaar, en voor Bullie zijn verloofde, zoals ik later hoorde, resulterend in een verbod, haar door de directie van de aardewerkfabriek opgelegd, om, op straffe van ontslag, nog ooit met mij om te gaan, wat zich laat horen, want een fabriek, en zeker een koninklijke, kan toch geen 52 of 53 gulden in de week schoon blijven uitkeren aan iemand die zichzelf, en daarmede het bedrijf, in nodeloze opspraak brengt.

Nu wilde Teigetje wel eens naar bed. We verlieten het stadje M. weer, met thans, omdat Teigetje zich te suf begon te voelen, Tweede Prijsdier achter het stuur, brachten Teigetje terug naar Greonterp en naar bed, en gingen toen met ons vieren, nog even wat nazitten in mijn eigen kroeg, vlakbij, in B., waar ik mijn uiteenzettingen over dood en leven, maar voornamelijk toch over de dood, niet of nauwelijks meer onderbrak. We bleven niet lang en stoven, na een doos bier te hebben gekocht omdat Bullie 'het liefst aan het slot bier erbij had', en daarzonder altijd 'moeilijk de nacht in kon', andermaal naar zijn huis in P., waar hij nog een grote rauwe nier had liggen, die ik in plakken sneed, paneerde, volop met knoflook besprenkelde, en in de koekepan probeerde te bereiden, maar Bullie zijn flessengas stond nog maar laag, zodat het gerecht niet wilde opschieten en wij het ten slotte maar rauw opaten, waarom ook niet.

Bullie begon, nadat hij had verteld dat hij te vergeefs gepoogd had, zijn Peking-eend met een gewone eend te telen, die na allerlei vangpartijen ten slotte definitief voortvluchtig was, ons uiteen te zetten wat je kon drinken en wat niet, hoe het bij hem viel, dit of dat, wat beter was, en dat het er natuurlijk aan lag hoeveel en wanneer, en dat je stemming en algehele conditie zo dikwijls 'in belangrijke mate meespeelden'. Ik dacht er niet aan, dit uitgangspunt van zijn betoog op te strijden. In Spanje had hij driekwart jaar lang elke dag, met een Amerikaan die nu misschien in Turkije zat, en van wie hij thans, opeens, met verbazing vaststelde nooit de achternaam te hebben geweten, 2 hele flessen whisky opgedronken, tussen zeg half elf 's morgens en half drie 's middags, waarna het hem wel goed placht te doen als hij dan even een klein middagdutje ging doen, om daarna de levensstrijd weer met volle inzet op te kunnen vatten. Maar er was een grens, meende hij, die het verkeerd was te overschrijden. Sommige mensen konden niet goed ophouden, als ze eenmaal begonnen waren. 'Daar spreek je een waar woord.' Hij had daar thuis nooit last van, maar wel als hij in het café zat. 'Dat is ook toevallig, bij mij is het net andersom.' Of ik ook niet vond, dat bijvoorbeeld Mevrouw Oofi het laatste half jaar veel en veel te veel gebruikte? Ik dacht juist van niet: ze zag er wel slecht uit, de laatste tijd, beaamde ik, maar wankelend, en plotseling wegvliegend om ergens in het geheim te gaan braken, of tot gefluister dalende wartaal uitslaand, had ik haar het afgelopen jaar toch niet meer ontmoet. Bullie echter maakte zich wel degelijk zorgen over haar, en dacht dat, wat zich uiterlijk als een verbetering voordeed, in werkelijkheid een verslechtering inhield, omdat ze uit het *geregeld doorzakken* in de *permanente gedrenktheid* zou zijn beland. 'Maar ik zie praktisch nooit een glas bij haar staan,' wierp ik tegen. Nee, dat klopte, want dat gaf maar extra afwas: ze zette tegenwoordig liever, gemakshalve de fles zelf aan de mond. Ik weigerde het al te somber in te zien: een mens kon toch heel wat hebben, betoogde ik. En kortelings, toen ik bij haar thuis was geweest op de dag dat ik de L. zijn tentoonstelling had moeten openen en, om te pissen, haar badkamer zonder kloppen was binnengestapt omdat ik, als officieel belijder van de Griekse beginselen, nu eenmaal alles van haar mocht zien en vastpakken, had ik haar figuur nog heel goed bevonden, terwijl haar kop in al die jaren wel iets was achteruitgegaan, wat wilde je, maar toch niet noemenswaard, waarbij ik me trouwens had afgevraagd of er niet heel wat te bereiken zou zijn als ze eens alle cement, kalk, gips en plamuur eraf bikte en haar vel een uurtje of wat aan de zon blootstelde. Maar ja, de tijd stond niet stil, dat wisten we, waar of niet. 'Eens veranderen we allemaal in een ongerookte en ongezouten ham, die zo gauw mogelijk de deur uit moet,' zei ik. Ik schrok er haast zelf van, want het was weer een raak beeld.

Het getob over Oofi wilde Bullie echter maar niet verlaten. 'Ach, ze weet soms helemaal niet meer waar ze is.' Ze legde nu, beweerde hij, haar brandende sigaretten niet eens meer op de tafelranden neer, maar overal elders ook, waar het haar maar schikte, een paar weken geleden bijvoorbeeld op die spiraalzoemende sofa in de 'salon', onmiddellijk waarop ze door een kandidaat-verloofde, die sportvloog, was opgehaald om met hem voor een vlucht boven het schildersdorp met al zijn weedom op te stijgen en van het uitzicht te genieten, zonder echter de rookwolken waar te nemen die reeds uit haar ramen naar buiten kolkten toen de dichter Theo S., gelijkvloers, iets ongewoons had menen op te merken, de sofa nog met een emmer water had weten te doven, deze, om uit te stinken, op het balkon had gezet, en op de lege plaats een cahierblaadje op de vloer had neergevlijd met de mededeling: '*Brandje geblust. T.*'

Maar nu moesten we toch weg, naar huis, en, heel vaag ergens in de diepten van mijn gedachten, was ik ook niet gerust over Teigetje, want hij klaagde nooit, en als hij uit zichzelf zei dat hij naar bed wilde, dan was hij misschien niet goed in orde. Tot ziens dus maar weer. 'Je hebt een leuk huis, verdomd fijn, mooier nog dan dat van ons, eigenlijk, zo mooi eenzaam gelegen, maar je moet zien dat je iets doet aan de verwarming.' We waren inderdaad half weggeblazen, ondanks het volgieten, en dat kon Teigetje best kwaad hebben gedaan.

Thuis vonden we Teigetje nog wakker, half opgehoogd in de kussens, een tikje koortsig aanvoelend, maar hij beweerde dat alles best ging, en vroeg alleen maar om wat karnemelk.

Tweede Prijsdier en ik praatten nog wat na, bij gedempt licht, waar Teigetje, naar hij ons bezwoer, geen last van had. 'Teigetje is ziek, denk ik,' deelde ik mede. 'Teigetje heeft weer koorts. Teigetje moet niet doodgaan. Teigetje is het enige wezen op deze gehele, droevige aardkorst waar ik iets om geef.' 'Lul niet zo.' 'Als Teigetje doodgaat, vraag ik jou ten huwelijk.' 'Lig niet zo te zeiken.' 'Ik zeik niet. Ik spreek en getuig van datgene, wat mij innerlijk beweegt – de taal van het hart. Ik ben echt gek op je. Jesus nog aan toe, ik zal zorgen dat je elke jongen krijgt die je hebben wilt, of als je meiden wil, dat kan ook. Ik zal ze voor je uitkleden en vasthouden terwijl je ze bezit en berijdt. Ik wou dat ik een mooi geil zusje had van 15½ of 16. Ik wil haar horen schreeuwen als je met je enorme tamp in haar gaat, God nog aan toe, enzovoorts. Zie je kans om mijn schoenen los te krijgen? Ik red het niet, echt niet. Ik ben *lam*.'

Terwijl Voorlopig Tweede Prijsdier neerhurkte om mijn veters open te peuteren, en zijn linker oortje vlak bij mijn gezicht kwam, en ik de intieme geur van zijn hoofdhaar waarnam, betreurde ik inderdaad, meer dan ooit, dat ik geen zusje had, wel een broer, maar die was al veel te oud voor het doel. 'Wat ruik je lekker, betoverend blond geil mandier. En dat ondanks je melaatsheid.' (Tweede Prijsdier had namelijk in Amsterdam, in de tram of het Tropenmuseum, een lelijke *korokoro* opgelopen, die zich uitte in acht machtige puisten op zijn bovenbenen en de onderkant van zijn billetjes, die bij betasting pijn deden.) Bij mijn laatste opmerking schoot ik opeens, zo laat als het was en zo moe als ik me voelde, even in de lach omdat ik weer aan mijn bezoek aan Oofi moest denken, op die dag van de tentoonstelling en aan dat onverwacht binnentreden van Oofi haar badkamer, omdat daar, behalve Oofi zelf, ook nog een vrouw van onbestemde leeftijd aanwezig was geweest die Oofi soms hielp om het gigantische krothuis een beetje op orde te houden en die, toen ik mij aan haar voorstelde, mijn hand voor schier onbeperkte tijd tussen haar gezwollen werksterklauwen was blijven vasthouden terwijl ze opmerkte: 'Nou ja, ik heb nog wat last van eczeem de laatste tijd, maar verder gaat het wel,' daarna nog steeds mijn hand omklemd houdend terwijl ze bleef veinzen mijn naam niet goed te verstaan: 'Dreves? Dreef? Ree?...' Ik zou mij deze ervaring nog jaren, misschien wel mijn gehele leven, dankbaar blijven herinneren, wist ik nu.

Het gevaar was lang niet denkbeeldig, dat ik zeer weemoedig en treurig ging worden, als ik niet nog zoveel mogelijk opbeurende ervaringen probeerde op te roepen. Gelukkigerwijs viel mij nu in, dat ik in het nabije B., in *Brouwers Warenhuis*, twee dagen tevoren, weer 60 uitmuntende kroontjespennen had gekocht, ditmaal niet, zoals de voorafgaande keren, voor 2, maar voor slechts één cent per stuk, omdat toch 'niemand er meer om vroeg', en dat ik gisteren de hele voorraad die er nog was, 80 stuks, voor in totaal 40 cent had kunnen opkopen, in een Engels doosje met een waarschuwing erop aan ieder die ze zou wagen na te maken. Zodoende had ik, na alle aankopen à 2 cent, na die voor 1 cent en, nu, na de slottransactie, een voorraad van vermoedelijk om en nabij de 150 pennen, wat misschien overdreven leek maar het allerminst was, want als het oorlog werd, zat je zo weer zonder.

'Vind je Bullie niet geil en mooi? Nou ja, niet zo mooi meer als een jaar of vier geleden, dat zie ik ook wel.' Nee, het viel niet langer te loochenen, dat Bullie zijn smoeltje was begonnen te vervallen, en reeds *tendeerde* naar de gekookte varkenskop, die fotografen en cineasten, zodra ze boven de dertig gekomen waren, kenmerkten.

'Welke lering kunnen wij uit al het voorafgaande trekken?' begon ik, maar Tweede Prijsdier schonk mij geen aandacht meer. Toch begon ik, ook zonder dat hij nog luisterde, hem te vertellen over een nacht, vele weken geleden, waarin ik, alweer wakker liggend, opeens gedacht had dat God mij misschien buiten Zich had gesloten, en waarin mijn hart, urenlang, beklemd en geperst was geworden totdat ik, tegen de ochtend, begrepen had dat het niet mogelijk was, omdat God nimmer enig schepsel buiten Zich zou sluiten. Hij kon het wel, krachtens Zijn almacht, maar die andere, Zijn allerwezenlijkste eigenschap, de Liefde, maakte het onmogelijk. Aldus was God niet in staat iets te doen, wat Hij wel degelijk kon, en dit was het Mysterie, waarin ook de Voltooiing en Terugkeer van Alle Dingen besloten lag: het was een kwestie van zien, want een kind kon de was doen.

Ik sprak moeizaam, maar de zaak was mij ten volle duidelijk. 'Alles is uit de Liefde ontstaan,' begon ik Tweede Prijsdier uit te leggen. 'Het is niet zo, dat de Liefde één van Gods attributen is, maar de Liefde is God Zelf. Toen er nog niets was, was reeds de Liefde. Uit Haar is alles ontstaan, en niets is ontstaan dat niet uit Haar ontstaan is. Als niets meer zijn zal, zal nog de Liefde zijn, want de Liefde, en God, dat zijn twee woorden voor één en hetzelfde, onderling vervangbaar, en identiek. Als je het opschrijft, staat het meteen op papier ook.'

Ik zag het duidelijk en wist, dat alle leed verslonden was tot overwinning, ook alle nare verhalen, die de mensen aldoor vertelden alsof ze niks beters te doen hadden – zo had iemand, waarschijnlijk weer een fotograaf of een cineast, mij nog pas een paar weken geleden een verhaal verteld dat net zo treurig was als wanneer je iets heel duurs dat je pas gekocht had, onderweg naar huis in de tram liet liggen: het ging over mensen die in de oorlog ergens zèilden, zomers, op één van de Friese meren, en voor een gulden of dertig, veertig, nog een kruik jenever hadden weten te bemachtigen, die ze voor de koelte aan een touw aan hun boot hadden gehangen, maar ze hadden vergeten dat het touw maar papiertouw was. Wat verschrikkelijk. Maar van wat ik daarnet allemaal gezegd had, was ik niet van zins ook maar een woord terug te nemen.

Teigetje zou erg ziek worden, nog deze zelfde nacht, en er zouden verscheidene dagen volgen vol diepe zorg en nog meer angst, maar dat wisten we nog niet. 'Misschien blijft er toch veel Duisternis en Verdriet,' begon ik toe te geven. Ik twijfelde reeds. 'Misschien kunnen we er toch niet tegen op. Laten we maar gaan slapen. Mag ik tien postzegels van 15 van u, maar geeft u me mooie – het is voor een zieke.'

Even zaten we stil. 'Wist jij,' zei ik opeens, 'dat ik, toen ik nog niet geboren was, een paar jaar daarvoor al, dat ik toen een broertje gehad heb, dat Karel Wladimir heette, en dat zes weken geleefd heeft? Daar hoor je van op, hè?'

Tweede Prijsdier C. overwoog, zo deelde hij onverwacht mede, een boek te gaan schrijven. 'Hoewel er al heel wat boeken zijn, juich ik uw voornemen van harte toe.'

Beste jongens en meisjes. Iedere Maandagavond hebben wij op de Prinsengracht 188 (achter het loterijkantoor) een vertelclub waar jullie allemaal welkom zijn. Wij beginnen om 6.45 uur en het is tot 7.45 uur. Elk jaar hebben wij een Kerstfeest waar je dan ook naar toe mag en 1 keer gaan we allemaal een dag naar buiten. Wanneer je idee hebt kom dan eens kijken en neem je vriendje of vriendinnetje mee. TOT MAANDAG DAN.

In de stilte van de nacht. Uit de diepten. Nadat hij 9 dagen aan één stuk door gedronken had, maar je kon niets aan hem zien. Een zang, terwijl hij naar de duisternis ging. Voor de orkestmeester. Een nachtlied. Een lied van overgave, want op U wacht ik, Eeuwige, en op U alleen.

BRIEF UIT HET HUIS GENAAMD
HET GRAS

Toen ik een jongen was, hield ik van iemand
wiens naam niet meer bestaat in mijn herinnering.
Noch weet ik meer, wanneer en waar.
Alleen nog, dat hij zat te lezen, opstond,
en langs mij heen liep naar het raam.
Het licht viel op zijn mond. Buiten was regen.
Als ik dicht bij hem kwam, faalde mijn stem.

Greonterp, 27 Augustus 1965.
De kermis is afgelopen, en de zomer spoedt zich reeds ten einde. Laat ik toch voortmaken, en boven blijven zitten, en niet elk ogenblik naar beneden komen om rond te hangen. Het enige immers, wat mij nog te doen rest, is zonder ophouden te werken en voort te schrijven.

Ik zal maar beginnen, al weet ik wel zeker, dat het weer één en hetzelfde lied gaat worden. Veel redenen, om de aanwijzingen voor het orkest te wijzigen, zie ik niet, en daarom zal ik ze maar zo laten als ze zijn. Opnieuw dus: Uit de diepten. En, alweer: nadat hij een zeer groot aantal dagen onafgebroken aan de kruik was geweest, nog steeds echter zonder dat je veel bijzonders aan hem kon zien. Een zang ook, terwijl hij ferm bleef doorstappen in de richting van de Duisternis en weer: voor de orkestmeester. Wederom: een Nachtlied. En, meer dan ooit, een lied van overgave, want nimmer was mijn heimwee naar U zo fel, en zo mateloos.

Vijf, misschien ook reeds zes jaar geleden, ongeveer in dezelfde tijd van het jaar als het nu is, op een namiddag in de week, verliet ik mijn woning voor een wandeling langs de haven, in die huichelachtige stemming waarin men denkt zichzelf wijs te kunnen maken dat men zich slechts voor wat frisse lucht gaat vertreden, terwijl het doel in werkelijkheid geen ander is, dan weer eens flink rond te hoereren.

Het was tamelijk zonnig weer, en ook woei er een bries, en de hemel betrok wel degelijk telkens voor enkele minuten, maar het was toch niet het 'weer van alle mensen' – daarvoor was het al iets te koel, terwijl de wind niet onstuimig genoeg was, en onmachtig bleef om zand of stukken papier op te tillen, laat staan, met schurende en ritselende geluidjes over het straatdek te doen rondwervelen. Niettemin was het een dag voor diepe overpeinzing en aandacht, zodat ik, terwijl ik voortschreed, voortdurend moest nadenken over de ware natuur Gods, waarom alles zo gekomen kon zijn als het was, en wat het verstandigste zou zijn om te doen. Ik nam mij voor om, binnen vier dagen, des nachts om een uur of half drie, naakt op het platte dak achter het martelkamertje voor jonge Duitse toeristen op een sinaasappelkist te gaan zitten en zo lang naar het uitspansel te blijven kijken tot ik het van de koude niet meer zou kunnen volhouden; gedurende ten minste drie daaropvolgende dagen zou ik mij uitsluitend met wortels en rapen mogen voeden. Op die manier was er een kans, dat mij althans iets duidelijk zou worden van wat nu nog een duister raadsel was.

Ik was inmiddels ter hoogte gekomen van het opleidingsschip van de koopvaardij, en hier, dicht bij de toegangstrap, aan de waterkant, bleef ik staan turen over het onberispelijk propere dek. Het was juist wasdag geweest, en aan de tussen het want gespannen waslijnen hingen vele tientallen van die door moeders veelvuldig verstelde, verkleurde en versleten blauw katoenen werkjasjes en werkbroeken die mij, ondanks de aanzienlijke afstand, de geur deden waarnemen van goedkope zeep, leder en jongenszweet, waarin heel mijn sterfelijk verlangen wordt belichaamd. Van de Zeejongens zelf was niemand aan dek behalve één, die in zijn nette uniform op wacht stond bij het hek in de verschansing waarover hij soms, zijn gebruinde blonde nek duidelijk spannend, loom naar voren leunde. De blauw katoenen werkpakken stonden sommigen der Zeejongens, vooral de donkerblonden en slanksten onder hen, zeer goed, wist ik, maar het officiële, nette uniform was, had ik altijd gevonden, voor verbetering vatbaar. Hoe echter die te verwezenlijken? Er moest, besloot ik, terwijl ik onafgebroken de op wacht staande jongen in het oog hield, een fonds worden gesticht, dat hen allen, zonder acht te slaan op rang, stand of godsdienstige gezindte, gratis zou voorzien van de allergeilste en allervolmaaktste gesneden maatuniformen, die zouden bestaan uit zeer korte, zwart katoenen jasjes en krappe, laag getailleerde broeken van zeer dun maar zeer sterk, halfmat fluweel van een diep, bijna naar het zwart zwemend violet; welk uniform, behalve door de weinig gewijzigde pet (met een meer naar beneden gerichte, oogbeschaduwende klep) gecompleteerd zou worden door antracietgrijze, halfhoge laarzen met omgeslagen randen. Droegen ze eenmaal allen dat uniform, dan zouden ze uit hun midden de zeven mooiste Jongens kiezen, die over alle anderen – die hen de onvoorwaardelijkste en meest onderworpen gehoorzaamheid verschuldigd zouden zijn – zouden heersen en de titel van *Jongensprins der Zeeën* zouden voeren. Op hun beurt zouden de zeven uit hun midden een koopvaardijkundige *Jongenskoning aller Oceanen* kiezen, die over de andere zes zowel als over hun ondergeschikten een volstrekte en meedogenloze heerschappij zou hebben. De Jongensprinsen der Zeeën, onder bevel hunner Jongenskoning aller Oceanen, verblindend in hun gloed van allertederste en allerwreedste schoonheid, en gekoesterd door de mateloze liefde en aanbidding van al hun Zeejongens, zouden uitzeilen en beschermd door ontelbare 'smaldelen' van Harer Majesteits vloot, in verre landen knappe, jonge Viet Cong-rebellen, jonge, mooie Indonesische commando's en al te onstuimig op straat demonstreren- de, aantrekkelijke Japanse studenten gaan vangen, om ze aan boord als slaven in gevangenschap te houden, opdat ze de Jongenskoning, de Jongensprinsen alsook alle niet gekroon- de Zeejongens voor eeuwig zouden dienen door hun dran- ken te serveren, voedsel voor hen te bereiden, hun werkkle- ding zowel als hun uniformen te wassen en te persen, en hen overdag aan tafel met feilloze stiptheid te bedienen, terwijl ze des nachts, tot de ochtend toe, met hun koperen panterlijfjes, in volmaakte slaafsheid, mijn blonde, paarsheupige, fluwe- len lievelingen eindeloos genot zouden moeten verschaffen en, bij het geringste blijk van ongehoorzaamheid of luiheid, in paars geschilderde strafvertrekken door een eigen kame- raadje dagenlang met zweep en riem, ondanks hun hees ge- loei om genade, weer tot gehoorzame tamheid zouden wor- den gebracht.

Het was een uitmuntend plan, maar het zou zoveel instan- ties moeten passeren en zo eindeloos veel keren worden gea- mendeerd, dat er, zelfs met een lid van de Partij van de Ar- beid aan het hoofd van het ministerie van Marine, weinig meer van zou overblijven dan de vervanging van de unifor- men, die in veel te wijde snit, en van totaal verkeerde wollige stof, en hoogstwaarschijnlijk in hel groen of een nog ergere kleur, zouden worden uitgevoerd.

Met mompelende stem profeterend, maar eigenlijk alweer doodmoe, slenterde ik nog een eindweegs voort, en bleef daarna staan bij de draaibrug dicht bij het nieuwe postkan- toor in aanbouw, en leunde over het ijzeren hek. Hier be- merkte ik, dat ik inmiddels de aandacht getrokken had van een uiterst net geklede jongeman, naar mijn schatting een jaar of zes, zeven jonger dan ik, die met een grijze, ritselende nylon regenjas over de arm – hoewel er het komende etmaal alleen door een wonder één druppel regen kon vallen – wat heen en weer drentelde. Er was aan zijn verschijning iets on- gewoons, dat ik niet onmiddellijk kon duiden, maar dat, te- gelijkertijd, mijn weerzin zowel als mijn begeerte wekte. Hij was redelijk goed gebouwd en had een regelmatig, niet eens onknap gezicht. Ik kon mijn blik niet van zijn gezicht en verdere gestalte afhouden, en probeerde vast te stellen wat het wel kon zijn, dat mij zo bevreemdde. Zijn donkerblonde haar was onberispelijk geknipt, zijn gestreepte das zat precies goed en al zijn kleren schenen, net als zijn schoenen, nog geen etmaal geleden gekocht te zijn.

We kwamen al gauw in gesprek, en wandelden toen samen op in de richting van mijn huis. Hij sprak netjes, met een min of meer Haags accent, maar in slechte woordkeus, en zijn clichés, die ik soms al een halve zin van tevoren kon aankondigen, deden mij soms bijna kreunen.

Het kwam niet bij hem op, dat men toch wel elkanders naam mocht weten, alvorens te overwegen zich geslachtelijk met elkaar te gaan verenigen. Ik stelde mij aan hem voor, maar pas op een aantal uitdrukkelijke vragen mijnerzijds noemde hij ook zijn naam, en verstrekte hij mij zoiets als een levensbericht. Hoe hij heette, is uit mijn herinnering verdwenen, maar ik weet nog, dat het een tweelettergrepige, zonder twijfel Engelse naam was – iets als *Nutman* – die hij echter op zijn Nederlands uitsprak. Toen ik hem op de vermoedelijk Engelse afkomst van zijn naam attendeerde, bleek hij daaraan nooit gedacht te hebben. Zijn voornaam bleek Gerard te zijn, en dit versterkte mijn tot nu toe slechts vaag gebleven geilheid.

Hij woonde in Den Haag, in onderhuur op een kamer in een bovenhuis dat zich op nummer 40, of 42, van een straat bevond die genoemd was naar één van de Indonesische eilanden, en was vertegenwoordiger in textiel. Toen we de trap opgingen naar mijn woning, luisterde ik met ingehouden adem naar het luide geritsel dat, behalve uit de overjas over zijn arm, ook uit zijn andere kleren opsteeg, en nu werden mijn haat en verachting zo sterk, dat ik hem met grote felheid begeerde.

Toen we, boven gekomen, na enig gepraat, aan het raam waren komen te staan, waar ik hem, volkomen onnodig, de ligging van het huis ten opzichte van de windrichtingen uitlegde en hem vertelde, welke daken in de omtrek bij welk gebouw of straat behoorden, begon ik hem te betasten. Hoewel hij terstond mijn attenties beantwoordde, bemerkte ik, dat hij zeer bezorgd was voor het beschadigd of gekreukt worden van zijn kleding: om een of andere reden van prestige wachtte hij echter, wat betreft ontbloting, op ietwat kokette wijze kennelijk op een initiatief mijnerzijds.

Mijn geilheid berustte nu bijna geheel op mijn minachting en verveling, en bevatte geen zweem meer van enig romantisch verlangen of lichamelijke, sentimentele verliefdheid. 'Je mag je wel uitkleden,' was alles wat ik kon zeggen, want ik kon mij er, door mijn haat, niet toe brengen ook maar iets bij hem los te knopen.

Terwijl hij zich langzaam van het ene kledingstuk na het andere ontdeed, dat hij telkens, tegen kreuken of vuil worden, met uiterste zorg op de door hem, na veel beraad, veiligst geachte plaats neervlijde, talmde ikzelf met uitkleden, deed eerst slechts mijn schoenen uit en occupeerde mij toen met het omslachtig inschenken, met veel quasi gemoedelijk gebabbel, van twee glazen rode landwijn, die ik op het lage tafeltje naast het divanbed neerzette. 'Dat we nog lang voor elkaar gespaard mogen blijven,' verklaarde ik monter, het mijne opheffend, waarop *Nutman* of *Longmans*, of *Sutter*, de vage tegenwerping maakte dat we 'elkaar nog maar pas kenden'.

Hij was nu ontbloot op een modieus slipje na, zodat ik zijn lichaam beter kon beoordelen. Hij was ontegenzeglijk goed gebouwd, maar het zonderlinge, dat mij tegelijkertijd weerzin inboezemde en aantrok, had hij nu, ontbloot, in nog sterkere mate, en opeens wist ik wat het was: er was aan zijn huid niets waar te nemen van zweetlucht of enige andere muskus, en noch uit zijn haar, noch uit zijn oksels, waar ik met mijn gezicht heel even dichtbij kwam, steeg ook maar iets op, dat men een jongenslucht zou kunnen noemen.

Hij deed nu zijn slipje uit, liet het op de mat vallen, en

schoof snel het bed in, waarvan ik het dek reeds had opengeslagen. Ik tilde het slipje op en legde het bij zijn overige kleren, verzette zijn schoenen en betastte daarbij zijn sokken, maar noch deze, noch het slipje, noch zijn onderhemd – dat ik heel even, ongemerkt, zeer dicht bij mijn gezicht bracht – schenen in enig opzicht gedragen te zijn.

'Drink je niets?' vroeg ik, terwijl ik, het vreemde fenomeen der reukeloosheid overpeinzend, me langzaam eveneens begon uit te kleden. 'Het is redelijk drinkbare wijn.' Gerard – ik weet nu wel zeker dat hij zo heette – nam een slokje uit zijn glas, hoestte, en verklaarde toen dat hij zeer zelden iets gebruikte. Ik ging aan het hoofdeinde van het bed staan en streelde, met geveinsde tederheid, zijn nek en het haar van zijn achterhoofd, en sloeg het door hem over zijn schouders dichtgetrokken dek weer iets open om mijzelf volledige zekerheid te verschaffen, maar het was wel degelijk zo: er viel nog steeds generlei lichaamsgeur waar te nemen.

Ik keek naar zijn kleren op de stoel en op de tafel en bedacht, dat alles nog zo schoon was, dat ik zelfs tegen het dragen van zijn ondergoed zoals het daar lag, geen enkel bezwaar zou kunnen hebben. En opeens had ik de gewaarwording van een nabij gekomen onheil, alsof ik met de Dood naar bed ging, niet met mijn eigen, wel te verstaan, maar met die van een ander.

'Drink nog wat,' zei ik, zelf mijn glas leegdrinkend en voor de helft weer vullend, en hem het zijne, dat hij nog maar voor een klein deel had geleegd, aanreikend. 'Het zal je goed doen – je moet er nog van groeien.' Ik hoorde maar al te duidelijk mijn eigen stem tot mij terugkeren, nog voordat 'Gerard' opgemerkt had, dat hij wel degelijk 'vrienden van hem' kende, die soms wel een hele avond met elkaar zaten te drinken, maar dat zoiets 'niets voor hem' was.

'Het is vergif,' gaf ik toe. 'Grote stukken van de hersenschors raken los en worden weggespoeld, dat is bekend.' Hij keek mij met wijd open ogen en verbijsterde blik aan, en opeens begreep ik, dat hij zich steeds minder op zijn gemak was begonnen te voelen omdat hij niet wist wat hij aan me had, en misschien het liefste meteen zou vertrekken. Om dit te voorkomen, maakte ik nu voort, kleedde mij snel uit en kwam bij hem liggen, want zijn laffe, onzekere vreesachtigheid had thans een ware golf van haat en geilheid in mij omhoog gestuwd. 'Lieve jongen,' mompelde ik, terwijl ik, in voorgewende verlegenheid en ingetogenheid, begon met slechts zijn mond, gezicht en hoofdhaar te liefkozen. Daarna, als troostte ik hem als een klein broertje wiens speelgoed stuk, verloren of afgenomen was, nam ik zijn hoofd in mijn armen en drukte ik zijn gezicht koesterend tegen mijn borst, hierbij kon ik, over hem heen, onopgemerkt zijn kleren bekijken, zoals die in het late middaglicht lagen neergevlijd. Onze kledingmaten konden elkaar niet veel ontlopen, overwoog ik: vrijwel alles moest mij passen, en zo niet, dan was het hoogstens een kwestie van een enkele, weinig kostbare verandering. Zelfs zijn schoenen kon ik vrijwel zeker aan. Niemand wist dat hij hier was, en niemand zou ooit, hier, naar hem komen informeren als hij zou verdwijnen.

Zijn pak moest wel 350 gulden gekost hebben, het overhemd, van waarlijk niet het goedkoopste model, zeker 30 gulden en ook zijn ondergoed, sokken en schoenen waren van de duurste soort. Zijn stropdas vond ik niet mooi, maar wat me niet beviel, kon ik verbranden. Verder moest hij geld bij zich hebben, misschien weinig, maar wellicht toch enkele honderden guldens, in een plastic portefeuille die van een oranjeachtige, verschoten kleur was, naar ik meende.

'Mooie jongen, lief dier,' fluisterde ik, terwijl ik mijn hand, om zijn nek heen, teder maar tevens terdege onderzoekend, rond zijn keel liet gaan. Opeens drukte hij zijn gehele lichaam tegen mij aan, greep mijn strelende hand en bracht die naar zijn kruis. 'Kom je vaak in Amsterdam?' fluisterde ik, want ik wilde weten, of hij er kennissen had, die misschien niet zo ver van mijn adres woonden en die hem, al zou het heel toevallig zijn, bij mij hadden zien binnengaan.

'Nee, alleen als ik er moet wezen, voor de zaak. Maar ook

wel eens zo maar, voor mijzelf,' liet hij even daarna weten. Nog steeds kon ik geen geur aan hem ontdekken, en zelfs in zijn kruis zweette hij niet. 'Wat doe je als je zo maar naar Amsterdam komt?' 'Ik loop wel eens rond.'

Mijn vragen beangstigden hem, voelde ik. Hij verwijderde mijn hand van zijn geslacht. 'Even wachten.' We lagen stil. Terwijl ik naar zijn nekhaar keek en het peinzend met mijn vingertoppen in opwaartse richting streelde, maakte mijn haat gedeeltelijk plaats voor medelijden. Hij moest van aller-armoedigste, vrijwel pauperse afkomst zijn, schatte ik – op andere wijze kon ik zijn clichématig keurige manieren, zijn veel te nette kleren, en zijn volstrekt anoniem taalgebruik niet verklaren. Stellig werkte hij heel hard, en dacht hij in alle ernst, dat hij eens niet meer arm zou zijn – alsof ooit iemand, arm geboren, iets anders zou zijn en blijven dan arm – en ik stelde mij zijn kamer in Den Haag voor, in het bovenhuis op nummer 40 of 42 van de naar een Indonesisch eiland ver-noemde straat: de perkamenten schemerlamp beschilderd met een zeilschip uit de Gouden Eeuw, de even waardeloze als dure encyclopedie in het dressoir met de glas-in-lood-deurtjes, de 11 overige boeken, op de schoorsteenmantel, tussen twee door olifanten rechtopgehouden boekensteu-nen, en, naast het opklapbed, het kastje waarin, achter een groen gordijntje, het dozijn nooit gebruikte sierglazen stond waarop het landswapen en dat van de elf provincies. Het was, alweer, volledige weemoed wat de klok sloeg.

'Ben je kwaad?' vroeg hij opeens. 'Welnee, waarom?' ver-zekerde ik hem. Ik stond op, schonk onze glazen nog eens vol, en ging toen weer bij hem liggen, van achteren om hem heen, en begon weer zijn nek te bevoelen. Hij stelde mij nu de gewone, stompzinnige vraag. 'Heb jij een vaste vriend?'

'Jawel,' antwoordde ik kortaf. Ik had geen zin hem iets van persoonlijke aard over mijzelf te vertellen, en begon daarom meteen, op mijn beurt, hem uit te vragen. 'Vertel mij eens wat meer over jezelf,' begon ik, de ergste clichés bezi-gend, die hem echter niet schenen op te vallen. 'Ik wil altijd verdomd graag weten hoe een ander zich er doorheen slaat. Woon je alleen?'

Ik dwong mijzelf, zijn nekhaar te blijven strelen terwijl ik begon te luisteren naar zijn fantasieloze zinnen, waarin hij het oerverhaal begon te vertellen, dat oud en droevig is als de Aardkloot zelve – de oergeschiedenis van dat schichtige schijngeluk, dat de kinderen der mensen voor leven en levensgenieting houden.

Ja, hij woonde wel alleen, maar hij had een vriendje dat zeven, acht jaar jonger was dan hij, nog pas negentien, en dat straaljagerpiloot was. Alsjeblieft. 'Zo'n leuk joch!' Ja, daar twijfelde ik niet aan. 'Mooi en geil?' vroeg ik. 'Vertel op, hoe ziet hij er precies uit?'

Hij had donkerblond, kort, gekruld haar, bij het zwarte af. De kleur beviel mij wel, maar de gekruldheid veel minder. Nee, ze waren o zo kort en stug, die krullen, beslist niet weelderig of artistiek. Nou, goed dan. Maar hoe waren zijn mond, zijn gezicht, zijn ogen? 'Is het een jongen met oortjes? Ik ben gek op jongens met oortjes.' Hij kon die laatste vraag, misschien wegens de excentrieke bewoordingen ervan, niet goed vatten. 'Beschrijf zijn nek, om Gods wil.'

Van nu af gaf hij me wel telkens de gegevens die ik vroeg, maar nooit ook maar iets meer. Kennelijk had hij geen voorstellingsvermogen en kon hij wel afgepaste feiten weergeven, maar was hij onmachtig de zin en samenhang ervan op te roepen en op iemand over te dragen.

Het donkerblonde adelaartje kwam twee keer per week langs, des Woensdags alleen 's middags, maar iedere Zondag zowat de gehele dag. 'In uniform?' Ja, soms wel. Wat een feest. Maar het was, hoe opwindend ook, wel een gevaarlijk beroep dat hij uitoefende, vond ik. Ach, misschien wel, gaf Gerard N., of L., of S. mij toe, maar, zoals de jongen zelf tegen hem gezegd had, 'kon het hem niks schelen om dood te gaan'. Nou ja, dat was weer de gewone holle praatjesmakerij: hij moest terdege klapjes hebben.

Hoe zag hij er naakt uit? Het was waar, dat ik mijn vragen

op een verwarrende manier bracht, en veel te veel van mijn eigen voorstellingswereld bekend veronderstelde.

In ieder geval was hij 'erg mooi'. Daar had je wat aan, aan zo'n antwoord. 'Is hij verlegen en stuntelig, als hij zich uitgekleed heeft? Kijkt hij dan naar de grond? En als hij dan op het bed gaat liggen, en je kijkt naar hem, wordt je stem dan schor en moet je dan telkens slikken? Zucht je, als je hem begint te liefkozen, omdat je helemaal ziek bent van verliefdheid? Ja toch, zo is het toch, nietwaar?'

N., of L., of S. scheen iets meer te beginnen te begrijpen van wat mij bewoog, want zijn mededelingen werden iets minder summier.

De jonge Luchtheld zijn nekje, waarnaar ik opnieuw, nu indringender, informeerde, had een zeer duidelijk gemarkeerde haargrens, maar was toch onbegrijpelijk teder, met haar als eendeveertjes. Zijn schouders waren breed, zijn benen van gemiddelde lengte, sterk maar nog niet tot bruutheid ontwikkeld en ook nog niet te zwaar behaard. Zijn billetjes waren volmaakt: donzig van onderen, gespierd en als door een kuise veer saamgeklemd, en aan de buitenzijde, volledigheidshalve, nog voorzien van die atletische indeukingen die alle verstand te boven gaan.

'En zijn huid lijkt,' stelde ik, als in trance sprekend, vast, 'ook zonder dat hij in de zon is geweest, al gebruind – sterk en taai als die van een man, maar bij aanraking jongensachtig soepel en koel, als zeemleer. Waar of niet?' Ja, dat was zo. 'Zie je wel.'

Maar de Jongen zijn 'pik' – en uit het gebruik van dit stuitend en ontluisterend woord, dat 'Gerard' herhaaldelijk in plaats van 'lul', 'stuk' of 'tamp' bezigde, wist ik zonder enig verder bewijs van node te hebben, dat zijn liefdeleven niets anders was noch ooit kon worden dan een dierlijke jacht naar mechanisch genot – was iets ontzagwekkends en ongelooflijks. 'Zo? Is hij een beetje gebogen en nog kinderlijk, ondanks zijn grootte? Of is hij al wreed en onverschillig?' Tja, dat liet zich moeilijk zeggen. 'Toch geen paddestoel?' O nee, geen sprake van.

Door het beeld dat ik, al moeizaam voortvragend, opbouwde, werd ik ongelooflijk geil, bijna tot aan die gloed toe, waarbij het verlangen nauwelijks nog lichamelijk is maar de kracht krijgt van een heimwee of sprakeloze vroomheid.

Alles had echter zijn keerzijde, want nu, ongevraagd kreeg ik ook nog iets anders te horen, waar N. eigenlijk lelijk mee inzat: hun geslachtelijke vereniging verliep niet naar wens. Al brachten ze uren en uren in bed door en deed N. zijn uiterste best, het was het laatste half jaar aan onze koene, mooie en aanbiddelijke luchtengel bij steeds minder bezoeken gelukt ook maar eenmaal de verzadiging te bereiken. Daar N., wanneer Frans, want zo heette de jongen, het niet tot spuiten kon brengen, zich niet gerechtigd achtte het wonder wel aan zichzelf te doen geschieden, was hun samenzijn het laatste aantal keren teleurstellend geweest, met spanningen, verveling en een vage, onuitgesproken wrok. Hoe het kwam, dat wist N. niet.

'Maar wat zeg je dan tegen hem, in bed, als je hem trekt?' vroeg ik zakelijk.

'Hè? Nou, niks, natuurlijk.'

'Dus je praat niet tegen hem, en je vertelt hem geen verhalen?' Opeens viel me nog iets anders in. 'En als het avond is, en donker, doe je dan het licht uit?' 'Ja, het moet donker zijn,' antwoordde N. met beslistheid.

'Zo. Ik had het kunnen weten,' zei ik. Wat een achterlijke klootzak, dacht ik.

'Dus je vertelt hem niks over jongens die hij martelt of laat martelen?' vroeg ik nu. Het beslissende woord drong niet goed tot hem door. 'Wat?' 'Martelen,' zei ik ongeduldig. 'Pijnigen met grote wreedheid, inzonderheid als strafvoltrekking, of teneinde een bekentenis af te dwingen.' Hij begreep nu wel wat ik bedoelde, maar nut of verband bleven hem ontgaan.

'Heel misschien kan ik je helpen,' vervolgde ik, 'maar ik beloof niks. Het beginsel is eenvoudig, maar je moet eerst het een en ander te weten zien te komen.' Ik begon hem uit te leggen, dat hij eerst moest proberen uit te vorsen, tot welk type man of jongen zijn luchtprins zich aangetrokken voelde. 'Knip foto's uit. Laat hem fysiekboekjes zien, en bewaar, wat je ontdekt hebt, in je hart. Begin dan eens, eerst vrijwel bij toeval, over slavenbezit, gevangenschap, onderwerping, straf en pijn.'

Ik probeerde hem duidelijk te maken, dat ieder mensenkind zijn eigen droom van Macht, Liefde en Pijn had, soms schier onvindbaar diep verborgen, soms onmiddellijk aanraakbaar en te bespelen.

'Als je weet, wie hij mooi vindt, dan moet je weten hoe hij hem wil martelen. Misschien moet een ander het doen. En heel misschien,' voegde ik er, volledigheidshalve, aan toe, 'wil hij zelf de gemartelde zijn, en de begeerde jongen tot zijn meester en bestraffer maken en hem smeken vooral geen genade te doen gelden. Dat komt echt voor, wist je dat? Ik heb het in een boek gelezen, wetenschappelijk, het was heel moeilijk, van dokters die alles weten over zulke mensen.' Nog steeds scheen N. mijn oefeningen in zwakzinnigentaal onverdacht te vinden.

'Maar let op,' ging ik ongeveer voort, 'dat je alles goed opbouwt, en het vertelt alsof je het zelf voor je ziet. Je moet alles heel precies weten – hoe oud die jongen is, wat voor werk hij doet, of hij inbreekt en bromfietsen steelt, of hij een opschepper is die enorm bang is voor de zweep, of een heel verlegen jongen die juist niet bang of laf is, maar heel flink, en die niet zo gauw jankt en om zijn moeder roept. En denk eraan,' besloot ik, 'dat je precies weet wat voor kleren hij aan heeft, vooral wat voor broek, de stof en zo. Kleren maken de man.'

N. knikte, met een gespannen gezicht van het zo diep moeten nadenken, over zoveel moeilijks, in een zo korte tijd. 'Vertel het me nou nog eens een keer, allemaal,' verzocht hij. 'Ik moet dus beginnen te praten over een jongen die bij hem komt, en die moet hij slaan?'

'Dat kan, maar dat hoeft niet,' antwoordde ik, reeds vermoeid gerakend. 'Het kan ook anders zijn.' Ik zocht naar een samenvatting van de grondslagen van het mysterie. 'Hij is mooi en stoer, en je aanbidt hem, en jij bent zijn slaaf,' begon ik opnieuw. 'Daarom breng je een jongen voor hem mee, die helemaal voor hem is, en die voor hem moet knielen. Maar je weet het niet. Ik bedoel als *hij* de slaaf wil zijn van die jongen die jij meebrengt, vooral als die heel groot en blond en sterk is, en zelf onderworpen en geslagen wil worden en voor hem geknield liggen, dan moet je je daar niet tegen verzetten. Ik ken je *geval* niet, hoe zal ik het zeggen: de richting van het slaafschap is nog verborgen, het is een martelbloem die zich nog moet ontvouwen, want daarna pas treedt haar geheimenis uit de verborgenheid. Sjonge jonge.' Ik zuchtte. 'Nou ja, begin je verhaal maar met je aanbidding en smeek hem, of je een jongen naar zijn keuze mag gaan zoeken en uitnodigen en meelokken, omdat jij maar één begeerte hebt, namelijk dat hij zoveel mogelijk jongens onderwerpt, ondervraagt, straft en bezit. Omdat je van hem houdt, heel eenvoudig.'

N. achtte zich nu voldoende ingelicht, maar ik twijfelde eraan, of hem alles wel duidelijk was; ja, zelfs wanhoopte ik, of ik ooit nog voor mijn revistische *Sprookjes van Vader Ezel* bij enig mensenkind begrip zou vinden.

We kleedden ons weer aan, en wisselden, op mijn initiatief, op schrift onze precieze namen en adressen uit. Ik vroeg net zo lang, tot hij mij de naam van zijn firma noemde.

'Heb jij een auto?' vroeg ik. Hij bezat er geen, maar had er wel vaak een tot zijn beschikking. 'Ook wel eens in de week?' Ja, in de week. Soms, als hun eindeloos geklapwiek hen niet van de grond had doen komen, waren ze wel eens, in die automobiel, een eindje gaan rondtoeren, om thee te gaan drinken in naburig bos of duin.

'Weet je wat? Kon dan eens hier langs en neem hem mee,' stelde ik voor. Als 'Frans' zich reeds de vruchteloze attenties van N. liet welgevallen, hoe veel gemakkelijker zou ik mij dan met hem kunnen verenigen. N. zou het wel goed moeten vinden, want anders zou ik hem dreigen met het opbellen van zijn firma om deze terdege van de 'seksuele geaardheid' van één harer employés op de hoogte te stellen, en hetzelfde gold, *mutatis mutandis*, voor zijn Sekspiloot, want reeds bij diens geringste wederspannigheid kon ik immers de bevoegde luchtmachtautoriteiten op de hoogte stellen, waarna hij ten strengste zou worden gecorrigeerd. Nog heerlijker zou het zijn, indien de Sekspiloot, met Wimie in kennis gebracht, daarna mijn attenties zou weigeren en zich wanhopig aan hem zou overleveren: het leven was moeilijk, maar mooi.

N. moest nu weg, en dat kwam eigenlijk ook wel goed uit, want over niet al te lange tijd zou Wimie thuiskomen uit zijn kantoor, en al te grif zijn jaloerse scène opvoeren, al had ik niets anders gedaan dan het verstrekken van seksuologisch advies.

Ik bezwoer N., om vooral weer eens langs te komen, of op zijn minst eens op te bellen, omhelsde hem ten afscheid met broederlijke tederheid, en ging toen, terwijl ik hem de trap af hoorde gaan, op het bed zitten nadenken.

Onuitvoerbaar was mijn plan natuurlijk niet, maar bij nadere overpeinzing zag ik wel in, dat er nog het een en ander moest gebeuren voordat het einddoel – de Droompiloot geknield aan Wimies voeten – bereikt zou zijn. Daartoe moest N. om te beginnen, in Den Haag, in zijn kamer met de maritieme schemerlamp, etc., nog zin hebben in hernieuwde communicatie; dan, ten tweede, moest de Luchtjongen bereid zijn mee te komen; ten derde moesten beiden zonder onaangename incidenten aan Wimie kunnen worden voorgesteld; ten vierde zou Wimie bekoord moeten worden door de piloot, die, ten vijfde dus, van zijn kant, gek zou moeten worden op Wimie. Eén zwakke schakel en alles zou bij een ijdel pogen blijven, en op niets uitlopen.

Toen ik boven aan de trap voetstappen hoorde, was het al te laat, want het volgende ogenblik kwam Wimie binnen: ik had me, omdat mijn horloge stil was blijven staan, in de tijd vergist. Het bed lag wel weer dicht, maar niet erg netjes, en de twee gebruikte wijnglazen stonden nog op het tafeltje.

Wie er geweest was? Een jongeman. Was ik met hem naar bed geweest? Nou ja, als je het zo wilde noemen. Ik wilde Wimie beginnen uit te leggen, dat al mijn tasten en struikelen volstrekt *revistisch* was, en nooit iets anders kon beogen dan de onderwerping, aan boes Wimie, van alle *Jongensprinsen der Zeeën*, hotelpages en sprookjespiloten – tot de *Jongenskoning aller Oceanen* zelf toe – die hij maar aan zijn voeten of in zijn bed wenste, maar ik wist niet goed, waar te beginnen, en voordat ik één en ander nader had weten te ontvouwen, brulde Wimie een ferme vloek en wierp, met een verbeten, vertrokken gezicht, een asbak door de melkwitte kap van f 18,25 van de geëlektrificeerde petroleumlamp.

Het werden ongeveer twee uur ruzie, waarbij ik me zeer nederig hield, deels uit genot, deels om te voorkomen dat er nog meer duurs kapot zou gaan, want we hadden toen een chronisch gebrek aan kasgeld. Daarna dronken we, na een soort verzoening, nogal wat, ik vol sprakeloze aanbidding en geilheid, Wimie weer even vrolijk, prikkelbaar en onverschillig als tevoren. Ik wilde hem nu over de piloot vertellen, die vast en zeker eens zijn donkerblonde hoofdje, in diepe onderwerping, in Wimies schoot zou leggen, maar ik zag er voorlopig maar van af.

Bijna drie weken verliepen, zonder dat ik van N. iets hoorde. Aan het plan, dat ik al gauw als dwaas was gaan beschouwen, was ik steeds minder gaan denken. Ten slotte was het zelfs geheel uit mijn gedachten verdwenen, toen N. mij, tegen het einde van een ochtend, uit Den Haag opbelde. Hij moest nog dezelfde middag in Amsterdam zijn, en wilde graag langskomen om me iets te vertellen dat hij liever niet over de telefoon mededeelde.

Wat kon dat wel zijn? Hoe ik ook peinsde, ik kon mij niets van belang voorstellen dat gebeurd kon zijn, behalve dat hij bij zijn firma ontslag had gekregen en geld kwam lenen, waar ik natuurlijk nooit een cent van terug zou zien.

Doch 's middags, toen hij tegen twee uur boven kwam, maakte hij een opgewekte, bijna uitgelaten indruk. Hij had ongeveer dezelfde kleren aan als de vorige keer, maar droeg ze, naar het mij toescheen, met zorgelozer allure.

Hij begon spoedig te vertellen. 'Dat verhaal, dat je zei, dat ik dan moest vertellen.' 'Hè? O ja.' Ik had immers gezegd dat hij alles vóór zich moest zien, en zelfs kleding, leeftijd en beroep van de jongen moest kunnen beschrijven? Ja, inderdaad. Welnu, iets vertellen dat niet echt gebeurd was, dat ging hem niet zo goed af. Maar, op het moment dat hij, weer bij zijn naakte Hemelprins liggend, er al aan gewanhoopt had, nog ooit diens raket naar de eeuwigheid tot ontbranding te kunnen brengen, had hij zich opeens iets uit zijn jeugd herinnerd, en dat, als toevallige inval, verteld: hoe ze, in de padvinderij – bij de zeeverkenners nog wel – in een dicht bij een meer gelegen woud, een nogal knap er uitziend kameraadje hadden vastgebonden, ontbloot, en urenlang gekieteld en geslagen, dat wil zeggen een paar anderen, hijzelf niet, want hij was gekweld geweest door de onzinnige vraag, of hij het fijn vond of niet, had iets willen doen om ze te doen ophouden met het kwellen van de luid huilende jongen, maar had, tegelijkertijd, terwijl hij zwaar ademend naar het kronkelend en vergeefs worstelend jongenslichaam had staan staren, gehoopt dat er nimmer in alle eeuwigheid aan het tafereel een einde zou komen. Van deze ervaring had hij verteld, eerlijk en zoals het geweest was, en zelfs had hij tevens een allermerkwaardigste bijzonderheid vermeld, die hem al vertellend weer voor de geest was gekomen: dat de jongen aldoor nog zijn verkennershoofddeksel op had gehad.

En plotseling, toen in zijn relaas sprake was geweest van een riem die fellere resultaten gaf dan de tot dan toe gebezigde boomtwijg, zodat het slachtoffertje, haast gek van pijn, zich bijna los had kunnen rukken, toen was het wonder geschied, en had Frans zich tegen N. aangedrukt alsof hij hem nimmer meer zou verlaten, en had, met een schreeuw, alsof hij in één klap zowel een naar zee weggelopen broertje als God Zelf terug had gevonden, zijn gloeiend 'Heilig Vocht' tot over eigen haar en voorhoofd uitgestoten, en was daarna roerloos, nog steeds dicht tegen N. aangedrukt, een uur lang blijven nasoezen.

'Zie je wel?' zei ik. 'Als je piano kan spelen, dan heb je succes bij de vrouw.'

'Hè?' 'Laat maar,' verzekerde ik hem. Alles was nu dus weer goed. Weg wrevel, ergernis en spanning. En wat meer was: ze overwogen zelfs met elkaar te gaan trouwen en zochten nu iets groters, voor hun beiden samen dus. Mocht ik iets weten in Amsterdam, dan moest ik hem berichten, want eventueel konden ze ook dáár gaan wonen.

'Jawel, trouwen, hè?' dacht ik bij mijzelf. 'Maar er staat voor jouw pilootje een heel andere bruidegom op het programma dan jij.' Ik zei, dat ik zeker goed zou opletten als ik iets over woonruimte hoorde, en ze moesten toch vooral eens samen langskomen. Wellicht, 'als Wimie geen bezwaar had', konden ze zelfs eens een nachtje blijven logeren. Het *revisme* zou eindelijk tot ontplooiing komen en, vanuit een nederig krothuis in Amsterdam, zijn heilbrengende zegetocht over de wereld aanvangen.

Weer gingen enkele weken voorbij, zonder dat ik van Gerard N. iets hoorde. Toen het van lieverlede anderhalve maand, twee, drie maanden was geworden, voelde ik mij bevreemd. Zou *Het Verhaal van de Zeeverkenner met zijn Muts nog op Gemarteld* zijn bekroning hebben verloren, en zou, door Gerard N. zijn epische onmacht, al diens geluk weer zijn vervlogen? Soms overwoog ik, om hem eens te schrijven, maar deed het niet.

Pas toen er vijf maanden verstreken waren, kwam ik hem, bij toeval, op een Zaterdagmiddag op de Dam in Amsterdam tegen, terwijl wij beiden langs het in het Nationaal Monument ingebeitelde 'zeeslangenproza' liepen. Hij zag er dikker uit, ietwat gezwollener in het gezicht, echt als een zichzelf verwaarlozende en zich slecht voedende kamerbewoner. Ik voelde onmiddellijk, dat de Liefde hem verlaten had. 'Kom mee naar ons huis,' zei ik. Wimie was op bezoek bij zijn ouders. 'Ik zal iets niet te duurs te drinken kopen. Of heb jij veel geld bij je?'

'Van mij mag het, hoor,' antwoordde N., 'maar ik drink het toch niet.' Zijn toon van diepe droefheid legde mijn inhaligheid het zwijgen op.

Bij mij thuis vertelde hij, nog voor ik hem iets vroeg, de toedracht. 'Een crash, hè?' Ik begreep hem niet onmiddellijk, zodat hij zich moest verduidelijken. Een goede drie weken na zijn vorige bezoek was Fransje ergens in Drente te pletter gevallen. Hoe kon dat dan? Het was een raadsel gebleven. 'Is hij te laat eruit gesprongen, om eerst nog een school of een dorpje te sparen?' vroeg ik, want dan had je nog iets, en was hij een held geweest, met een krans van school en gemeentebestuur. Nee, ook dat niet, want het was kilometers in de omtrek woest en onbewoond land geweest. Ook had hij niet geprobeerd eruit te springen.

Het was nog puur geluk dat N. enig bericht ervan had bereikt, want hij sloeg nogal eens een krant over. Toen had hij alles zelf moeten uitvissen aangaande de uitvaart, want die scheen uitsluitend met kaarten geannonceerd te zijn: hij had in ieder geval geen advertentie kunnen opsporen.

'Met militaire eer?' vroeg ik gretig. 'Nee, privé, particulier, uit een rouwhuis.'

Hij had eerst niet durven gaan, maar was toen toch, op het bezoekuur, in halve paniek, zonder iets te vragen, de portier gepasseerd en maar op de gok een kamer binnengegaan, waar ze, gek genoeg, ook om een jonge jongen heen hadden gestaan, onder glas, maar Frans was het niet geweest. Hij was snel genoeg weer het vertrek uitgedeinsd om een dienstertje een blad vol koppen thee uit de handen te stoten.

'Wat gek, thee,' vond ik. 'Hoewel, je kan bij elke gelegenheid thee drinken, eigenlijk. Misschien is het toch niet zo gek.'

Andere kamers was hij niet meer in geweest, en hij had het gebouw met grote snelheid weer verlaten.

'Wie weet, hoe hij eruitzag,' zei ik. 'Wie weet, heb je jezelf iets heel rottigs bespaard.'

Nee, dat niet, want uiterlijk was er niets aan Fransje te zien geweest, had hij gehoord: hij was eruit geslingerd, en niet verbrand of verminkt. 'Ja, dan is het wel jammer dat je hem toch niet even een laatste groet gebracht hebt. Maar ja, in wat voor toestand verkeer je dan, tenslotte.'

Naar de begrafenis zelf was hij ook niet geweest. 'Maar ik heb niet gewerkt, die dag, dat niet.'

We staarden, terwijl het snel donkerder begon te worden, lange tijd voor ons uit, zonder iets te zeggen. De mens kon plannen maken zoveel hij wilde, maar je kon erop rekenen dat er niks van terechtkwam. Het *revisme* had weer een ge-voelige klap gekregen: ook hij was mij ontsnapt, voorgoed, die zeer ondeugende, gevleugelde lieveling en stouterd (*Ica-re! Icare!*), zoals na hem nog wel deze en gene zouden vol-gen, al wist nog niemand wie het zouden zijn. *Ephemeri Vita of afbeeldingh van 's Menschen Leven vertoont in de Won-derbaarelijcke en nooyt gehoorde Historie van het vliegent ende eendagh-levent Haft of Oever-aas.*

Zoals u ziet: wel had ik gelijk, toen ik, aan het begin, voor-spelde dat het weer één en hetzelfde lied ging worden. Het is nu eenmaal zo: hoeveel kloeke boekwerken ik nog zou schrijven, – al waren het er meer dan uw glas-in-lood be-deurde dressoirtje en de ruimte tussen uw twee olifantsteu-nen op uw schoorsteenmantel te zamen zouden kunnen be-vatten – iets nieuws zou ik u niet meer kunnen mededelen.

Maar toch bent u, natuurlijk, verschrikkelijk nieuwsgierig om te weten, waarom ik nu juist deze eenvoudige parabel van mot en lamplicht aan de vergetelheid heb willen ontruk-ken, en ik zal het u daarom maar vertellen: een tijdje geleden, bij het opruimen en weggooien van allerlei oude troep, kwam ik een gestencilde circulaire van de *Vereniging van Letterkundigen* tegen, van iets als tien, twaalf jaar geleden, waarin aan het zorgeloze kunstenaarsvolkje kond werd ge-daan, dat de *Koninklijke Luchtvaart Maatschappij* een prijs-vraag had uitgeschreven en, voor een novelle waarin de luchtvaart 'op verantwoorde wijze zou worden behandeld', een Eerste Prijs van 400 of 350 gulden, en een Tweede Prijs van 200 of 175 gulden had uitgeloofd – geen wonder dat deze maatschappij van lieverlede in ernstige liquiditeitsmoeilijkheden is komen te verkeren.

Die Prijzen waren natuurlijk allang vergeven, maar toch was de vondst mij tot een aansporing om, niet tot grof gewin, maar veeleer uit roeping, het onderwerp alsnog, uiteraard op verantwoorde wijze, in mijn proza te behandelen.

OECUMENISCH DEBAT

Mijn *goeroe* spreekt mij steeds van *karma*,
en dat je alsmaar een trap hoger moet:
waarschijnlijk ben ik nog niet moe genoeg.
'Astrologie,' zeg ik, 'bestrafte Jongens,
Geheime Kruiden, plus de Maan:
daar red ik het wel mee.
Wat neuzen in de Schrift, en naar de Mis gaan
mag, maar blijft facultatief.'

Greonterp, 2 November 1965.
Al vier achtereenvolgende jaren heb ik geprobeerd, op Allerzielen een Drinkfeest te beleggen, maar het is me nog niet gelukt. Noem ik de naam van het feest, dan heeft men er meestal nog nooit van gehoord. Is de naam bekend, dan weten ze de datum niet. En zijn ze van beide, dag en feest, op de hoogte, dan weten ze weer niet wat het eigenlijk inhoudt. En ten slotte, als ik het ze verteld heb, kijken ze ongelovig of geamuseerd, en denken ze dat mijn plan niet ernstig gemeend is. Dan ben ik alweer te moe geworden, en zie ik van verdere uitleg en van organisatie van enig evenement maar liever af.

Zo ook heb ik mij dit jaar weer alleen op het feest voorbereid, en vier ik het ook thans alleen, als een soort eigen, in alle stilte stralende, privé-Kerstmis.

Teigetje is in Amsterdam, en in de dagen van roerloze stilte heb ik zelfs een gedicht weten te schrijven dat de naam van het feest zelve draagt, en dat ik aan de redactie van een groot katholiek dagblad heb gestuurd, om het, met dank voor de inzage, weer terug te ontvangen, omdat het te 'cryptisch' was en men bovendien al een gedicht had, dat, tegelijkertijd, zowel over Allerheiligen als over Allerzielen handelde. Daar kan natuurlijk niemand tegen op.

Ik wandel wat meer dan gewoonlijk, en kom daardoor wat vaker dan ik zelf goedkeur – want ik ben een tegenstander van cafébezoek – in mijn kroeg te B. terecht, de laatste keer op een Woensdagmiddag, toen het in het bedrijf erg stil was, zodat ik met eigenaar W. en zijn knecht, Koning Eéntand, ruimschoots van gedachten kon wisselen over de vraagstukken waar de moderne, naar alle kanten openstaande mens zich voor geplaatst ziet. Ik dronk weer eens voor halve prijs, de ene voor eigen rekening, de andere van de baas, om en om, ad fundum en ad infinitum.

Het zonnetje kwam zowaar even door, en W. begon aan zijn gebruikelijke rêverieën, over de benijdenswaardige rust die de doden gegund was. 'Zullen we weer eens wat op het kerkhof gaan wandelen, Gerard?' Koning Eéntand, die tweeënhalve week later zijn laatste stukje gebit aan een in zijn gezicht dichtslaande deur zou verliezen – al kon geen mens dat nu al weten – nam het beheer van de bar op zich.

We gingen het kerkhof van B. op, en lazen zo veel mogelijk zerken. W. was zeer spraakzaam, en scheen geplaagd te worden door een strijdlustige frivoliteit. Hij begon uit alle macht aan de dikke, zwart marmeren plaat te sjorren, die een forse bonbonnière afdekte waarin, rond de twintiger jaren, pastoor zus en zo, in afwachting van Christus Zijn glorievolle wederkomst, maar zo lang ter ruste was gelegd. 'Weet je, Gerard, ik wou zo graag eens zien, wat erin zit.' 'Een lijk, denk ik,' was mijn oordeel. 'Wat erop staat. Je kan toch lezen?' *What is named on the label, is found in the jar*, viel mij in. In de marmeren plaat was geen beweging te krijgen. W. gaf zijn pogingen op, en we wandelden naar de jeugdafdeling, dicht bij de pastorietuin, tegen welks hek we maar even klaterend bleven staan wateren, waarna W., met nog net niet tot vandalisme voerende verachting en de woorden: 'Wat stelt dat nou voor? Dat stelt toch niks voor?' enkele marmeren kabouterkruisjes, met voetstukjes en al, uit het grasdek tilde, één ervan behorende bij een klein meisje, dat Augusta Elvira had geheten maar dat, ondanks haar balletachtige manegenaam, slechts één enkele dag geleefd had en in 1949, op mijn verjaardag nog wel, was bevorderd tot heerlijkheid. *Ephemeri Vita*, etc.

De drank was langzamerhand dieper doorgedrongen en verhitte nu ook de bittere en donkerder gekleurde Sappen, die begonnen te dampen, en mijn geest poogden te verduisteren. Ik moest niet teruggaan naar het café, besefte ik, hoe goed het ook bedoeld was, ik bedoel de aanzienlijke, eigenlijk nergens elders toegestane korting die ik aldaar genoot, en hoe verkwikkend ons korte uitstapje ook was geweest. 'Zei je wat, Gerard?' 'Nee. Maar ik moet naar huis. Ik moet weer aan het werk. Echt hoor, mijn boek moet af.'

Bij het kruispunt vóór W. zijn café teruggekeerd, begaf ik me inderdaad op weg naar huis. Weer te veel gedronken, God, godverdomme. 'Ik ga ervan af, het moet, ik zweer het. Gij die was en is en zijn zal, ik houd op met drinken, ik zweer het voor Uw aangezicht. Maar wanneer precies, dat weet ik nog niet.'

Ik moest vechten – met God en mensen zou ik worstelen, en ik zou overwinnen, zag ik nu. Neen, o neen, ik mocht nimmer de hoop opgeven dat ik eenmaal datgene zou schrijven wat geschreven moest worden, maar dat nog niemand, ooit, op schrift had gesteld: het boek, alweer, dat alle boeken overbodig zou maken, en na welks voltooiing geen enkele schrijver zich meer zou behoeven af te tobben, omdat gans het mensdom, ja zelfs de gehele, thans nog in haat en angst gekluisterde natuur, verlost zou zijn. Dan zouden de kinderen der mensen een zonsopgang zien als nimmer gezien was, en een muziek zou klinken, ruisend als van verre, die ik nooit gehoord had, maar toch kende. En God Zelf zou bij mij langskomen in de gedaante van een éénjarige, muisgrijze Ezel en voor de deur staan en aanbellen en zeggen: 'Gerard, dat boek van je – weet je dat Ik bij sommige stukken gehuild heb?'

'Mijn Heer en mijn God! Geloofd weze Uw Naam tot in alle Eeuwigheid! Ik houd zo verschrikkelijk veel van U,' zou ik proberen te zeggen, maar halverwege zou ik al in janken uitbarsten, en Hem beginnen te kussen en naar binnen trekken, en na een geweldige klauterpartij om de trap naar het slaapkamertje op te komen, zou ik Hem drie keer achter elkaar langdurig in zijn Geheime Opening bezitten, en daarna een presentexemplaar geven, niet gebrocheerd, maar gebonden – niet dat gierige en benauwde – met de opdracht: *Voor de Oneindige. Zonder Woorden.*

Ik was dicht bij huis gekomen en zag warempel mijn *goeroe*, Peter B. voor de deur staan, die gekomen was om me te vertellen dat hij het vervallen maar lieflijk gelegen huis en erf aan het eind van de ***dijk, na lang beraad, toch maar gekocht had, voor vijftienhonderd gulden. We begaven ons maar meteen te voet erheen, om het voor de zoveelste keer te bekijken.

Alleen dak en muren verkeerden nog in een te redden staat. De vloeren waren weg, evenals de meeste ramen en deuren. We betraden wat waarschijnlijk eens een keuken was geweest, maar waar nu enige hoenders huisden – kriel en gewone – die, op resten van huisraad zittend, zich in de zon koesterden die door een met veel spinrag bespannen raam naar binnen scheen, en bijna geen gerucht maakten: 'Och, och, orm. Orm. Ol?' Kakelen kon je het niet noemen, het was meer een mompelen.

Op de rand van de uitgeschoven lade van een gedeeltelijk reeds in stukken gevallen kabinet zat een krielkipje dat bleef zitten toen ik naderbij kwam, en dat ik warempel in de handen kon nemen. 'Hoe is het mogelijk?' 'Wist je dat niet, dat krielkipjes erg tam zijn?' 'Nee. Het is wel jammer dat ze eruit moeten. Wat een vrede.'

We verlieten het vertrekje, en betraden de voormalige woonkamer, waar een betonnen stalvloer was gelegd, en waar thans vijf varkens woonden. Terwijl ik de hoge, hese pislucht opsnoof bekeek ik de dieren enige tijd, en probeerde een welwillend oordeel op te brengen, maar ik kon ze niet sympathiek vinden. 'Nee, dit zijn geen fijne dieren. Ze zijn niet lief. Ze moeten eruit. Het wordt tijd, dat ze opsodemieteren.'

We liepen dwars door het land terug naar Greonterp, waar ik, zoals ik had aangeboden, voor Peter een brief aan de Autoriteiten zou opstellen, waarin hij om vergunning tot het betrekken van het huis zou verzoeken.

'Goeroe, heb je al nagedacht, wat voor beroep of je hebt?' Dat was geen eenvoudige kwestie. 'Dat moet hè, een beroep?'

'Moet je luisteren,' begon ik. 'Je moet een beroep hebben. Als je geen beroep hebt vestig je de aandacht van de autoriteiten op je. Je zou juist denken van niet, maar het ligt altijd heel anders dan je op het eerste gezicht denkt. Je kan natuurlijk zeggen, als ze je vragen wat doet u: "Ademhalen, dat ik niet stik." Maar met autoriteiten trek je altijd aan het kortste eind. Je bereikt niks, jongen, behalve dat het raampje van het loket met een klap naar beneden gaat, en je mag nog blij zijn dat je poot er niet onder zit. Ze zijn over ons gesteld. Je bereikt alleen wat met *list*.'

'Weet je wat ik dacht, dat ik maar als beroep neem?' zei Peter langzaam. 'Hoe heet het. Weet je, wat ik ben? Hoe heet het, hoe noem je dat. O, ja: ik ben *Indoloog*.'

Ik stond sprakeloos, of eigenlijk waren we het allebei, want Peter zelf was eveneens een beetje beduusd van de wijsheid en de draagwijdte van wat hij gezegd had. 'Je hebt nergens geen last mee,' lichtte hij, na enig zwijgen, zijn beslissing toe.

'Een waar woord, goeroe, een waar woord.' Want het was zo, en de zegswijze 'Indië verloren, rampspoed geboren' was stellig op dit geval niet van toepassing. God nog aan toe: admiraal in Hongarije of 'stratemaker op zee' waren er niks bij.

'Toch is het evengoed erg, dat we Indië kwijt zijn,' zei ik. 'Ik ga er een gedicht over schrijven, en dat stuur ik naar Elsevier. Weet je, dat ze me om gedichten gevraagd hebben? Ze betalen 50 ballen voor een gedicht. Ja, verdomd, een half mudje! 7 keer zo veel als *Tirade*, of 6½ kruik jenever, ja, natuurlijk niet meer als die rode honden wéér een rijksdaalder accijns erbovenop hebben gegooid. Want dat komt, met 1 Januari. Maar laten we die brief maar meteen maken, dan kan hij de deur uit ook.'

We zetten ons aan de arbeid, en vermeldden, dat Peters eigen middelen 'niet toereikend waren om zijn studie te bekostigen', en dat hij daarom, af en toe, tijdelijk werk aanvaardde als handlanger-fitter 'in het loodgietersbedrijf van mijn vader te Amsterdam, of in dat van één zijner collega's'. Waar haalden we de woorden vandaan.

'Zie je, dat bedoel ik nou,' merkte ik voldaan op. 'Nette armoede. Krap in de middelen, maar vroeger betere tijden gekend, dat willen ze horen. En denk er aan: in huis alles ordelijk en aangeveegd, en geen bedden die nog open liggen als ze langs komen. En nooit zeggen ik heb geen geld. Je moet altijd zeggen: "Daar kan ik op het ogenblik het geld nog niet voor vrij maken." ' (Nu moest ik denken aan een voorval van een kleine twintig jaar geleden, toen ik, als verslaggever van het Parool, in een telefoongesprek tegen een abonnee die een of ander gerucht bevestigd wilde horen, gezegd had: 'Daar weten wij niets van,' en deswege was berispt, en nadien in soortgelijke gevallen had moeten zeggen: 'Daarvan hebben wij nog geen bericht ontvangen.')

Toen ik de brief had uitgetypt en Peter hem, nog eventjes gevaarlijk spattend met de kroontjespen had ondertekend, en ik hem in de brievenbus aan buurman Lolkema zijn gevel had gedaan, begonnen we, terwijl Peter één van zijn sokken die hij had uitgespoeld omdat hij onderweg met één been net niet de overkant van een sloot had gehaald, voor de kachel te drogen hield, in matig tempo te drinken. 'Indoloog'. Op die brief moest zegen rusten, dacht ik, dat kon niet anders.

We aten wat, het werd donker, en we dronken maar rustigjes voort, terwijl Peter begon te vertellen van zijn jeugd en van zijn reizen. Over de automobiel, stellig nog met 'puike motor', waarvan in Griekenland, in een garage, bij het opvijzelen, de carrosserie omhoog was gegaan, terwijl het chassis op de grond was blijven staan, zodat hij hem maar aan een Deen had verkocht, dan had een ander ook eens wat. Hoe hij, liftend, in India, toen zijn geld op was, zijn dwarsfluit had weten te verkopen voor duizend gulden, van welk bedrag hij tweehonderd had besteed om schulden af te doen, vierhonderd om een grote koffer vol prachtige, nieuwe, Indiase vrouwengewaden te kopen en naar een meisje in Zweden te sturen, en ongeveer honderd gulden om in een bordeel te gaan zitten, waar hij drie volle dagen niet meer uit was gekomen. 'Kon je daar dan ook eten?'

'Je kon alles laten komen, uit al die eethuisjes, alles wat je maar wou – dat kan hier toch ook, je kan hier toch ook alles laten komen uit een Chinees restaurant?' 'In elk geval een geluk dat je niet ook je andere fluit verkocht had, ha ha.'

Terwijl hij voortging met zijn verhaal, en vertelde hoe hij, met het overgebleven geld verder naar het Zuiden reizend, overvallen was geworden door ontzaglijke visioenen, die hem niet meer zouden loslaten en zijn hele leven zouden veranderen, luisterde ik maar half, want mijn gedachten bleven bij die koffer met voor vierhonderd gulden kleren, voor dat meisje in Zweden. 'God is in hem,' dacht ik. 'Hij heeft God gezien, dat kan niet anders.'

Peter praatte voort, haperend in zijn zwaar Amsterdamse, platte accent, woekerend met zijn vocabularium van 320 woorden en elke zin doormidden hakkend met intermezzootjes als 'hoe heet het' en 'hoe noem je dat ook weer', en opeens kreeg ik de ingeving, dat hij alles wist en dat ik, als ik iets beslissends wilde weten, het hem nu, op dit eigenste ogenblik moest vragen, omdat zijn antwoord onfeilbaar zou zijn.

'Moet je horen, *goeroe*, wat denk je van het volgende.'
'Vertel maar op, *bhakti*.' Ik legde hem nu iets voor, dat ik
nog niemand had toevertrouwd behalve aan Teigetje en, per
brief, aan de Zusjes M. te G., wier gewichelde uitkomsten ik
echter nog niet ontvangen had. Het betrof de ongeveer een
half jaar tevoren ontstane, en van lieverlede steeds sterker en
dwingender wordende gewaarwording, dat een onzichtbaar
wezen mij voortdurend begeleidde, welks aanwezigheid ik
ook als ik alleen was in het stille huis, bij de zoemende wind,
duidelijk voelde, en dat, op straat, naast mij meetrippelde of,
onhoorbaar, vlak boven mijn kop met mij meevloog. 'Het is
wel iets erg ouderwets, hè, een geleide-engel?' vond ik zelf.
'Kan dat nou, of is het onzin?'

'Dat kan heel goed, hoe heet het, dat is als het ware jezelf,
maar dan buiten je,' legde Peter me op zijn eigen, onvervang-
bare wijze uit. 'Dat is je *atman*. Die ziet en bekijkt alles. Ik
bedoel (ik zal maar zeggen, hoe heet het) jij gaat bijvoorbeeld
een bordeel binnen.' 'Hè?' 'Nou ja (hoe heet het), ik bedoel
maar.' 'O, op die manier.'

'Nee, moet je horen: stel je voor, laten we zeggen jij gaat
een café binnen, of een drankwinkel, jij gaat daar naar binnen, niet? Stel je dat even voor.' Ik kon me dat best voorstellen. 'Goed, dan zegt die atman die zegt het hindert niet, laat
maar gaan: die jongen moet nog een heleboel leren.'

'Zegt die atman dat?' 'Ja, dat zegt hij.' 'Nou, dan vind ik
die atman wel een fijne atman.'

Peter zelf kon ik ook wel als een soort onzichtbare atman
beschouwen, want, hoewel zelf nogal matig, had hij zich
over mijn alcoholgebruik nog nooit laatdunkend of betutte-
lend uitgelaten, en op mijn verzuchting: 'Gisteren weer ¾
liter graanbouillon erin gegoten. Waar moet dat heen, goeroe,' alleen maar gerepliceerd: 'Het schijnt je niet slecht te
bekomen, en daar gaat het maar om.' Zoiets beurde een mens
weer eens op, en bij de herinnering kreeg ik warempel voldoende moed om de 250 bloembolletjes te gaan planten, die
Teigetje gekocht had en die nu eindelijk wel eens de grond in

moesten – blauwe en witte Scilla Siberica, en twee kleuren krokussen. Peter wilde me best helpen. 'Ik wil het hele kerkhof volplanten, in spontane groepen als je begrijpt wat ik bedoel,' legde ik hem uit, 'dat het lijkt alsof het allemaal in het wild, vanzelf, is opgekomen.' Dat was goed. Het was koud en aardedonker, maar het waaide niet noemenswaard. We traden, met een stormlantaren, naar buiten, waar Peter meteen rechtsaf sloeg, want hij had gedacht dat ik het grote kerkhof, in B., 1½ kilometer weg, bedoeld had. 'Hij vindt niks gek, wat ik doe,' dacht ik. 'Die klimt rustig over een ijzeren hek 's nachts een kerkhof op, als je dat met alle geweld wilt.' 'Nee, ik bedoel dit kerkhofje, hier voor de deur, waar ik ook kom te liggen, als het zo ver is.'

Ik prikte met de pootstok in het grasdek de gaten, die Peter telkens met een bolletje vulde en daarna met hielstampen weer sloot. Het werk viel tegen, en we moesten enige malen in huis terugkeren om een korte schaft met consumpties te houden.

Toen het laatste dozijn bolletjes, rondom pater Bootsma zijn zerk, in de bodem zat, bleven we binnen nog geruime tijd napraten. 'Weet je wat me opvalt, Peter? Dat mijn politieke opvattingen, sedert ik een eigen huis en erf bezit, een veel behoudender karakter hebben gekregen.'

'Hoe is het mogelijk, hè?'

We haalden weer alles op, wat ons de afgelopen zomer overkomen was, en daarna vertelde Peter over Stockholm waar hij een jaar of drie had gewerkt, en waarheen hij, als het herfst en winter werd, altijd zo geweldig terug verlangde. Zijn stem kreeg iets gevleugelds en, steeds meer in vervoering gerakend, wist hij iets van zijn heimwee op mij over te dragen.

Het eerste jaar van zijn verblijf was moeizaam geweest, een bestaan van bordenwassen, of sneeuwruimen met asocialen die met hun uitkering, zonder zelfs nog de moeite te nemen die in hun zak te steken, meteen de straat overstaken naar de drankboer om het bedrag integraal in alcohol om te zetten; welk sneeuwruimen voor een groot deel bestond uit het ergens aanbellen om te vragen in een hal te mogen schaften en het daarna onder aan een trap zich aan de klokkende kruiken te goed blijven doen.

Later was hij het wassen van de ramen van scholen en andere grote gebouwen gaan aannemen, en dat was hem beter bevallen, want hij had pittig verdiend en een keer met vrienden een feest aangericht, dat precies twee weken aan één stuk geduurd had, wat nog niets vergeleken was bij een ander feest, dat moest hij toegeven, dat had plaatsgevonden toen een jongeman van zijn glazenwassersploeg, die kennis had gekregen aan het dienstmeisje van de Turkse, of Braziliaanse, of Argentijnse militaire attaché, bij afwezigheid, voor 'ruggespraak' in eigen hoofdstad, van genoemde attaché, bij het meisje op bezoek was gegaan, met nog een man of zes, zeven aan vrienden bij zich, om ze ook wat te gunnen, waarna alles in het huis grondig 'geattacheerd' was geworden, tot de laatste druppel drank, het laatste blik zalm, de laatste slof sigaretten en de laatste grammofoonplaat toe, en niet te vergeten wat er aan kleding in de kasten hing; alles opgeluisterd met zang en dans, afgewisseld door het op een bromfiets, die met eensgezinde mankracht naar boven was gezeuld, rond de tafel rijden.

Peter schudde het hoofd. 'De volgende dag zag je ze overal lopen, jongen: die met een paraplu, die in een lichtgrijs hartstikke nieuw pak. Je wist niet wat je zag, jongen. Moet je je voorstellen: een of andere nozem uit Amsterdam, met een paraplu. Ik kwam ze tegen met een hoed op! Ik zweer het je! Een hoed! Het was geen gezicht, eerlijk niet.'

We zwegen enige tijd, en ik werd een beetje ernstig gestemd. 'Zeg, goeroe, wanneer denk je dat het God zal behagen mij uit deze razende wereld weg te nemen?' 'Zodra je je rijbewijs hebt, bhakti.'

We waren nu doodmoe, en besloten maar te gaan slapen. 'Welterusten, goeroe. Ik kom zo. Als je niet genoeg dekens hebt, ga dan niet liggen woelen en wentelen en vloeken en niet bestaand dek over je heen trekken, maar zeg het tegen me, want er zijn zat dekens in huis, beneden, in de kast. Moet je nog een nachtmuts? Ik bedoel een verversing. Glaasje port. Neem dat maar.' 'Ja, laat ik dat maar nemen. We zullen zien, of ik kan slapen. God nog aan toe, ik ben 's morgens doodmoe van wat ik 's nachts allemaal meemaak, weet je dat?'

Zuchtend, het whiskyglas met port voor zich uit houdend, klom hij naar boven.

Terwijl ik boven me zijn geschuifel en gedempt gevloek allengs hoorde verstommen, dacht ik na over wat ons in dit jaar, nog voor het goed en wel ten einde was, allemaal, zonder dat men er veel aan had kunnen doen, toegemeten was geworden. Maar er waren, dat moest ik eerlijk toegeven, ook wel mooie dingen bij geweest, die verdienden opgeschreven te worden, want wat had de reeds zo beproefde mensheid aan geschriften die uitsluitend 'een sombere levensvisie ademden'? Dat betekende maar eenzijdigheid en verschraling. Het bestaan was wel degelijk vol troost: nog niet eens zo heel lang geleden had ik, op een Donderdagmorgen tegen half elf, op de Dam in Amsterdam, niet bij het zeeslangenproza maar juist aan de overkant, dicht bij het paleis, in een gloednieuw politieuniform, de Meedogenloze Jongen gezien, die, wonder op wonder gestapeld, niet eens blond was geweest, maar donkerharig en zelfs voor wel 25 à 35% een blauwe. En precies een week later, dus weer op een Donderdagmorgen om dezelfde tijd, had ik hem aan het werk gezien op de hoek van de twee gedeelten van het Waterlooplein, bij het slopen van een vroegere slagerij waar eens massa's gekookte varkenspoten werden verkocht: middelblond, in een verschoten werkhemd dat telkens uit zijn blauwgrijze versleten corduroy broek schoot die volmaakt viel om zijn machtig Kruis.

Eerst had ik de samenhang niet begrepen, maar als twee personen van één Wezen waren ze een Teken, voorbeeld en aansporing voor de mensheid om eindelijk eens een begin te maken met de gelijkberechtigdheid der rassen en met de zo bitter ontbeerde samenwerking tussen de even verscheiden als van gelijke hoop bezielde groepen der wereldbevolking, want de Sloper bezat onschatbare informatie aangaande jonge, even knappe als laffe lood- en koperdieven, voor wie hij, in overleg met de Blauwe, in holle, doodstille ruïnes vallen zette, om ze door verraad in handen te spelen: ongehoord als het mocht schijnen dat blank bruin diende, het was gemakkelijk te aanvaarden, zodra men inzag dat sprake was van een heilsgeheim, lang verborgen, maar waarin nu aan de zoekende mensheid de weg naar vrede en broederschap werd geopenbaard.

Mijn voorlopige interpretatie van de verschijningen was juist geweest, al moest een nog indrukwekkender verschijning plaatsvinden, waarvan ik toen nog geen weet had, maar die mij spoedig zou geworden: tijdens de kermis in Blauwhuis, laat in deze zomer, in de grote bovenzaal van W. zijn tweede café, midden in het dansend geweld van de zogeheten matinee, die om half elf 's morgens was begonnen onder het ontembaar gestamp van de *Harry Kickers* of een vierkoppige brulboei van gelijksoortige naam.

Teigetje was er ook geweest, evenals Peter, die bij het opgeven van mijn bestelling van het eerste rondje bier meteen geprotesteerd had en zijn portefeuille getrokken, gevuld met het geld dat zijn oude vader hem voor de aankoop van het huis had gegeven, en uitgeroepen had: 'Niks hoor, ik betaal – we hebben toch zeker goed verdiend!'; en die opeens daverende koppijn had gekregen en daarom even naar Fridjof zijn huisje om de hoek was gegaan, en spoedig weer terug was gekomen met de mededeling: 'Het is weer over. Ik heb even wat yoga gedaan.' 'Op je kop gestaan, zeker?' 'Zoiets, Koekebakker, zoiets.' En die, weer kort daarop, als hypothese geopperd had dat wellicht het Koninkrijk Gods al was aangebroken, zonder dat we er erg in hadden gehad: we waren het als het ware ongemerkt binnengesukkeld.

Het moest ongeveer op dat ogenblik geweest zijn dat ik,

dichterbij dan ooit, aan een tafeltje in het midden van de zaal, de Meedogenloze Jongen had zien zitten, glorievoller dan ooit tevoren, meer licht- dan middelblond, met zijn sluike haar nog net niet te lang bij zijn oortjes, en gekleed in een blauw keper werkpak, met brede leren riem en laarzen; bijna glimlachend met zijn tedere, onverbiddelijke lippen en zijn diepliggende, grijze ogen vol stil mysterie van allerschoonste Wreedheid. Ik had Teigetje opmerkzaam op hem gemaakt, die er stil van was geworden.

Weer was alles nog duidelijker geworden, en in nog gloed-voller straling was zich het Mysterie gaan ontvouwen: Sloper, Blauwe, en Bouwer – want ik was inmiddels te weten gekomen, dat de blondste en meest meedogenloze, zo dicht-bij dat ik bijna op hem toe was gelopen om al was het maar de zoom van zijn keperen broek te kussen, metselaar was – waren Eén. Sloper en Bouwer dienden de Blauwe, want de met-selaar had al zijn spaargeld belegd in een ongelooflijk een-zaam gelegen weekeindboerderij, waarheen de gevangenge-nomen lood, koper, bromfietsen of auto's stelende nozems werden vervoerd om, van Vrijdagavond tot Zondagavond, in geluiddichte vertrekken aan martelverhoren te worden onderworpen.

Wat mij indertijd, in de schemering van de avond, half ver-sluierd in een Tent, bij het nog sluimerend licht van een stormlampje, als slapend en nog ongeschapen Wezen, in het visioen van de paleistuin was aangekondigd, werd nu vol-tooid. Ik herinnerde mij weer, dat ik indertijd gezworen had, op schrift, of hoe dan ook, van dit grote Geheim te getuigen. 'Niet lullen, opschrijven, opschrijven, verder niks.'

Ik merkte nu pas, dat ik de stormlamp, die we bij het bol-letjes planten gebruikt hadden, niet had gedoofd. Ik nam hem op en trad weer naar buiten. Aangezien een geleide-en-gel mij overal vergezelde, behoefde ik nergens bevreesd voor te zijn. Niet dat ik in dit huis 's nachts ooit werkelijk bang was geweest, maar in de tijd voordat de geleide-engel zijn intrede had gedaan, was het nogal eens voorgekomen dat er 's nachts om een uur of drie op de deur gebonsd werd en mijn naam geroepen zonder dat ik, bij mijn opendoen, ooit iets anders had kunnen ontwaren dan de wiegelende straatlantaren, piepend op de wind, als in een Franse film, en niet eens een geest. Wat had je er aan, aan dat soort flauwe kul.

Ik hief, naast de buitendeur staand, de stormlamp hoog op, en bekeek de plek waar ik, in de late lente, een rechthoekig stuk van de voorgevel had schoongebikt en voorzien van een bekisting, om er van zeer goede en langzaam verhardende 1:2½ specie een plaquette met keurige facetranden op aan te brengen waarop, door middel van een spijker verdiept in het beton ingegrift, de cursieve woorden *Huize 'Het Gras'*, en rechts bovenin, in klein kapitaal romein, de woorden JE-SAJA 40, 8 stonden; wat volgens de dichteres H.M., later, eigenlijk JESAJA 40:8 had moeten zijn, maar toen kon het, zonder blijvende beschadiging, niet meer veranderd worden.

Ik bekeek de door het bezigen, in de verdiepte letters, van zwarte rijwiellak, extra scherp leesbaar geworden tekst, en bedacht hoe wijs, ja voortreffelijk en uitmuntend het wel was geweest, dat ik de naam van het huis gewijzigd had, en mij daarmede uit het krakeel en de haat van de Hoekse en Kabeljauwse twisten had bevrijd. Ik mocht mijn vroegere vijand niet meer haten.

'Ach, Here, ik kan niet spreken, want ik ben jong.' Ik wilde nog niet naar bed, en schonk, in huis teruggekeerd, maar weer een wijnglas vol met jenever uit het vriesvak. Ik begon in allerlei papieren te scharrelen, maar maakte de chaos alleen maar groter. Uit het pak nog niet in mijn geschriften verwerkte aantekeningen kwam van alles te voorschijn:

Ook ter ere van de Naam van Die eeuwig leeft, heb ik besloten geen druppel meer te drinken, voordat de Brief af is. Dit wil ik doen en zeg ik, op deze zestiende dag van September 1965, om des morgens tien minuten voor negen. Wie langskomt, kan eventueel wat te drinken krijgen, maar ikzelf niet. Ik ga boven zitten, de hele tijd. Dit moet zo zijn. Ik doe mijn naam hier onder. Gerard Reve

Dat was dus ook weer niks dan grootspraak geweest. IJdelheid. Er lagen nog van allerlei uitspraken in de map, sommige wijs, sommige lullig, andere alleen maar eigenaardig, zoals: *Ook in mensen, die een uit één koehoorn gesneden vogel op het Dressoir hebben staan, kan God behagen scheppen.* Of: *We kopen een tandem.* Of: *oude loopse ramenas, dompige schorseneer.* En de rest in de trant van: *Patent nemen op mijn ontdekking van een geneesmiddel tegen de heteroseksualiteit: de patiënt begeve zich, gedurende een gehele week, elke middag naar de* HEMA *op de Nieuwendijk, en vertoeve daar, van kwart over drie tot kwart voor vier, in de gebakafdeling.*

Van het een kwam het ander, en, ondanks mijn slaperigheid, drongen zich allerlei weinig met elkaar verband houdende verhalen aan mij op: hoe Peter in Stockholm, met een paar andere Hollanders, bij een glazenwassend karwei, in een open, op de fikse bries onaangenaam wiegelende gevellift, voor de achttiende verdieping had gehangen, toen een andere maat, beneden in de straat, zijn stem forcerend door zijn tot megafoon gevouwen handen, hen had toegeschreeuwd: 'Tonnie heeft een druiper!'; en hoe mijn goeroe toen, onder zich, in de blokkendoosmaquette van boerenkool en speelgoedtunneltjes, een paar zijstraten verder Tonnie, langzaam en ietwat wijdbeens, had zien komen aanlopen in zijn groene overall; en hoe ze, bij Tonnies nadering, de lift met razende snelheid langs de gevel hadden laten afdalen om, als boze kabouters, om Tonnie hand in hand een rondedans te maken en hem de zojuist uit de diepte ontvangen mededeling in steeds herhaalde scandering toe te zingen, waarop Tonnie ten slotte, half huilend, in razernij geschreeuwd had: 'Die koleremeid! Die vuile slet! En ik ben godverdomme alleen maar in haar reet geweest!'

Het was wel grappig, maar wie weet, waren de reidansen uitvoerende naakte wijven, die de goeroe tegenwoordig in dromen bijna elke nacht kwamen kwellen door hem zonder

pauze op te geilen, wel de prijs die hij voor de venerische rondedans moest betalen.

Over dansen gesproken: Peter had me ook nog verteld,
hoe hij als 6-jarig jongetje, op een communistisch zomer-
feest, op een podium had moeten dansen met een aantal
meisjes, ongetwijfeld in Oosteuropese klederdracht. 'Weet
je, dat ik het op een of andere manier, hoe heet het, dat ik het
helemaal niet fijn vond?' God nog aan toe, de kinderver-
krachters. Met ontzaglijke haat dacht ik aan de kinderdomp-
teuse Ida L., met haar *'Vrolijke' Brigade* en haar *Kindercircus
Elleboog*. Proletarische jeugd springt door brandende hoe-
pel.

Weer graaide ik door de nutteloze papieren: *Op Zondagmiddag 22 Augustus 1965 tussen één en twee uur is het gebeurd*. Wat, dat stond er niet bij, maar veel goeds zou het wel
niet geweest zijn. Hoewel, je wist het niet, want al voortrit-
selend vond ik nu een bericht, dat ik ook weer heel precies,
met tijd en datum, had opgeschreven, en dat behelsde, dat
Mevrouw Van der M., van de hoek, op 23 Augustus jongst-
leden, te 19.25 uur, een zwarte paraplu boven het hoofd geheven, op weg naar haar oude tante Sipke die nog wel de een-
den voerde maar verder nooit meer buiten kwam, langs ons
huis was geschreden met een schoteltje in de hand, waarop
een 18-tal in eigen tuin geteelde aardbeziën, elk ter grootte
van een forse rozijn. Glorie, glorie, halleluja.

Dat ik een geleide-engel had, was een goed ding. Het was
het beste om een gedicht voor die engel te schrijven, dat, gemakshalve, maar *Aan De Engel* moest heten.

De Drie waren te zamen de ongeschapen Ene, van Wie ze
de openbaring waren. Tot zover was alles duidelijk genoeg.
Maar was er eigenlijk niet nog een vierde? Ja, dat was zo. Ja
zeker, er was een Vierde, die de Drie en de Ene in alle eeuwigheid verbond, die stil was en woordloos, maar die alles
vervulde, en die ik ergens gezien had, laat op een middag,
maar waar?

'Wat ziet gij?' Ik zag geen 'ziedende pot, komende van de

Noordzijde'. 'Wat ziet gij?' 'Ik zie stoffige ramen, achter geel geworden vitrage, onder oud zonlicht.' 'Gij hebt goed gezien.'

'Wat hoort gij?' 'Soms ja, soms hoor ik een stem. Ach Here! Ik kan wel spreken, want ik ben niet jong meer.'

Want ik begreep nu, wat ik tevoren niet begrepen had, en ik herkende eerst nu, wat ik toen gezien had, op die late namiddag, toen Teigetje mij, omdat ik weer eens in de greep van een boze en onreine geest was geraakt, tot verstrooiing en troost, in de automobiel had rondgereden; en mijn hand schreef het op: *Nu weet ik, wie gij zijt, / de Jongen die ik eenzaam zag te Woudsend en daarna, / nog op dezelfde dag, in een café te Heeg. / Ik hoor mijn Moeders stem. / O Dood, die waarheid zijt: nader tot U.*

NADER TOT U

(Geestelijke Liederen)

Omdat ik niet meer slapen kan, klim ik uit bed.
Het is half vier. De dag verheft zich, en ik zie
Uw gruwelijke Majesteit.
Wanneer ik dood ben, hoed dan Teigetje.

DROOM

Vannacht verscheen mij in een droomgezicht mijn oude moeder,
eindelijk eens goed gekleed:
boven het woud waarin ze met de Dood wandelde
verhief zich een sprakeloze stilte.
Ik was niet bang. Het scheen mij toe dat ze gelukkig was
en uitgerust.
Ze had kralen om die goed pasten bij haar jurk.

Als de kardinaal een scheet heeft gelaten, zeggen ze:
'Sjonge jonge, wat ruikt het hier lekker,
net of iemand lever met uien staat te bakken.'
Dat soort katholieken, daar ben ik niet dol op.

Ik was een heel erg grote beer die toch heel lief was.
God was een Ezel en hield veel van mij.
En iedereen was erg gelukkig.

AAN DE MAAGD, VIERDE PERSOON GODS

Gij, die niet veel gesproken hebt,
maar alles in Uw hart bewaart –
U groet en troost ik, lieve Moeder,
Gezegende.

DRINKLIED

Nu moet ik van de drank af.
Het moet maar eens uit zijn.
Het is wel genoeg geweest.
Troost mij toch, o Geest,
in de nacht van 20 op 21 Juli 1965,
in diepe ontzetting, en omringd door Duisternis.

Voor de jonge Indische Nederlander R.

Mijn oudoom weet nog uit zijn jeugd
(hij woonde eerst bij Bandoeng
en ging later pas naar Buitenzorg)
dat op de tafel in de hal van elk hotel
de kruik jenever stond, tot vrij gebruik door alle gasten,
als water, gratis en voor niets.
'Dat heeft bestaan. Daar hoor je zeker wel van op?' 'Ja, Oom.'
'Ach venteke, toen was nog niets voorgoed bedorven:
Inlanders wisten hun plaats, je hoorde niet van onruststokers.
De mensen waren aardig, hadden iets over voor elkaar.
Er was nog echte hartelijkheid, en liefde.'

Alles is op, zelfs drank waar ik niet eens van houd.
Maar alles heeft zijn voor en tegen.
Zodoende zit ik wel vol moed:
Al hebt Gij mij verworpen en verstoken van Uw Licht,
Ik ga gewoon door, of er niks aan de hand is.

DRINKLIED VOOR DE HERFST

Alles moet weer worden zoals vroeger.
Er is geen God meer, bijvoorbeeld.
Ja, toen we Indië nog hadden,
en een dubbeltje nog een dubbeltje was!
Maar dat bestaat niet meer.
Was er maar iemand die me uit allerlei sprookjesboeken voorlas.

Uw woord, dat niet voorbijgaat, zegt
dat ik slechts gras ben, en dat is ook zo.
Na lang getob weer stevig aan de kruik.
Maar klachten heb ik niet, want alles moet
voltooiing zijn van U, Oneindige, voor wie ik zing en dans
zo lang het U belieft en blijft behagen.

GEDICHT VOOR JAN W. JONKER

Stel je voor, dat de kater niet bestond.
Dan was alles nog veel erger.
Dan zou je nooit een kater krijgen,
terwijl je die nu wel krijgt.
Het is dus toch wel goed zoals het is. Prijs God.

'Goedkope wijn, masturbatie, bioscoop',
schrijft Céline.
De wijn is op, en bioscopen zijn hier niet.
Het bestaan wordt wel eenzijdig.

Soms zijn er dagen dat ik uren lang
niet hoef te denken aan de Dood,
maar bij mijn opstaan al
was ik vanmorgen aan de Dood gedachtig.
De lampen brandden nog – of het al avond was:
zo vroeg reeds dacht ik aan de Doden.
Des middags verscheen Michael. Ik maakte brood voor hem.
Ik keek naar hem terwijl hij at, en zag zijn jeugd.
Toen hij weer weg was, dronk ik uit zijn glas,
en trok mij hijgend af.
Hoor dan mijn stem, o Eeuwige. Gedenk U toch aan mij,
die voortschrijdt tussen Dood en Dood, in een begoocheling,
en in Uw tijdloos Graf reeds rust.

Is er nog nieuws? Jawel.
Goed nieuws, zeer goed zelfs. Spreek maar gerust
van blijde tijding:
God trok Zich af terwijl Hij dacht aan mij.

Zonder gedronken te hebben, prijs ik God.
Vandaag heb ik van alles meegemaakt.
Al voortwandelend in de benedenstad,
denkend aan de Uiteindelijke Dingen,
zag ik een jongen, vermoedelijk een Duitse toerist,
en volgde hem terwijl ik dacht:
ik zal je voor je reet geven of als dat niet kan
sla mij dan maar,
de hoofdzaak is dat we bezig zijn –
tot hij De Bijenkorf inging en ik,
duizelig van geilheid tegen mensen opbotsend,
zijn spoor bijster raakte.
Nochtans werd ik niet moede, U te loven.
Want onbegrijpelijk groot zijn al Uw werken:
Gij, die het wezen gemaakt hebt
dat van achteren een kut en van voren een staart heeft.
Zoals gezegd, ik had niet eens gedronken, maar toch wilde ik
U schreiend eren en in tranen voor U knielen,
O Meester, Slaaf en Broeder, Geslachte en Verrezen God.
Al neuriënd en in het geheim profeterend
vervolgde ik mijn weg.
Toen zag ik Bet van Beeren, aan een wit tafeltje
tegenover haar café gezeten, pogend met mes en vork
een makreel te openen om deze in de zon te eten.
Ik dacht kijk. Wat is in de Natuur toch alles mooi gemaakt.
(Denk maar aan al die sterren met hun lichtjaren.)
Ik wilde wel naar een of andere avondmis,
maar er was er geen.

Ik ben wel thuis, maar houd de deur op slot.
Zodoende denken ze, als ze aan de deur komen,
dat ik niet thuis ben.
Maar ik ben er wel.
Het is waarlijk juist en passend
dat ze denken dat ik niet thuis ben,
want ik wil alleen zijn, met U.
En tegen U praten en schreeuwen, al geeft U geen antwoord.

Terwijl Teigetje mij vertelde hoe verliefd hij was geweest
op een politieman zijn donkerblonde zoon,
kwam Douwetje, droom van de pederast,
gelaarsd in paarse spijkerbroek,
per fiets voorbij, kennis is macht, op weg naar school.
De dieren legden zich neder. Het woud zweeg stil.
Van stenen werd het binnenste geroerd.
's Nachts droomde ik dat ik in God geloofde.

WIEGELIED

Ik ging nuchter naar bed, en kon niet slapen.
Toen ik ten slotte sliep, dreunde het huis
en worstelde ik met iemand.
Niet tot de ochtend:
toen ik weer wakker werd, was het nog nacht.
Ook wist ik niets meer van een zegen.

Indien ik nog geruime tijd leef, word ik een oud man.
De wanhoop is nog groter geworden,
maar veelvuldiger dan ooit
word ik aangezocht inleidingen, lezingen, hallo,
voordrachten uit eigen werk
te komen houden voor inrichtingen van onderwijs.
Om mijn geitestrot hangt de te wijde boord
van het smetteloze overhemd,
waarop de das met streepjes.
Mijn gelaat is een varkenslederen masker.
Soms, als de samenkomst, wegens fraai weder,
in de tuin van de campus wordt gehouden,
ben ik de enige die het koud krijgt
en huivert in zijn boers nieuw, duur donkerblauw
en aangemeten pak:
het vuur in mij brandt nog maar laag.
Een meisje schrijft alles op, en als ik zeg:
'Die en die, die vind ik wel een groot dichter,'
dan schrijft ze neer, in groot en leesbaar schrift:
'Die en die is een groot dichter.'
Als ik mijn eigen door de Dood naar mij teruggevoerde stem hoor,
wil ik schreeuwen dat het geen zin heeft nu allen dood zijn,
en dat ik naar huis wil.
Maar wie begrijpt dat.
Plotseling staat de wind stil, en is er een schaduw over alles,
en hijg ik van angst, maar voor wie of wat dan toch,
in Godsnaam?

BEKENTENIS

Voordat ik in de Nacht ga die voor eeuwig lichtloos gloeit,
wil ik nog eenmaal spreken, en dit zeggen:
Dat ik nooit anders heb gezocht
dan U, dan U, dan U alleen.

IN UW HANDEN

Niemand die zeggen kan, wanneer en hoe.
Misschien wel met geheven glas,
terwijl hij proestend poogt iets uit te leggen
dat wordt weggespoeld
op bulderende branding van gelach.
Dan piept opeens zijn stem, als uit het stof,
en klauwt zijn lege hand naar 't arme hart,
waar nu het mes in staat van God.
Een flits, van droevig speelgoed, droeve sneeuw
en droef lantarenlicht. Meer niet.
Ziezo, het is volbracht.
'Zoals hij heeft geleefd, zo is hij ook gestorven.'

ALLERZIELEN

Nadat we bij die en die gezeten hadden,
gingen we bij je weet wel nog wat drinken.
Dinges was er ook, en zong een lied
Over een naamloos Graf van eeuwigheid.

Per trein op weg naar huis, zoek ik vergetelheid in bier,
maar kan, wat komen moet, niet meer bezweren:
reeds na twee haltes stapt hij in, tenger matroos,
met stoute billen,
verlegen maar brutaal. Met oortjes. Donkerblond.
Wanneer ik ooit nog rijk word gaat hij elke dag
met mij de stad in om van mij te drinken wat hij wil:
'dit is mijn bloed.'
En elke mooie hoer die hij wil hebben wordt door mij betaald:
'dit is mijn lijf.'
Ik zou zo graag erbij zijn, schat, maar niet als jij je schaamt:
dan hoeft het niet, en zal ik je nooit zien,
verborgen naakt in trui en broek, verheven ruiter,
aanbeden Dier, lief Broertje van me.

DAGSLUITING

Eigenlijk geloof ik niets,
en twijfel ik aan alles, zelfs aan U.
Maar soms, wanneer ik denk dat Gij waarachtig leeft,
dan denk ik, dat Gij Liefde zijt, en eenzaam,
en dat, in zelfde wanhoop, Gij mij zoekt
zoals ik U.

DANKLIED VOOR HET LAM

Met zijn foto in mijn vrije hand
schiet ik mijn Zaad in de richting van de eeuwigheid,
waar Stu Sutcliffe, zo jong tot heerlijkheid bevorderd,
door God, van geilheid door het dolle heen,
in ploegenstelsel wordt genaaid.
Hoezeer schiet ik tekort: Gij hebt Uw lichtjaar,
ik mijn centimeter.
Met achttien haal je de 2 meter wel, of meer,
maar ieder volgend jaar neemt dat zelfs af.

Gij ziet mij, maar lacht mij niet uit.
Omdat Gij Liefde zijt, hebt Gij het weer eens goedgemaakt,
en ditmaal eerlijk toegegeven dat het niet mijn schuld was.
Mijn Zoon, mijn Lam, ik houd zo vreselijk veel van U.

GEZICHT OP KERSTMIS

Herfstnevels. De nutteloze geilheid der namiddagen.
De getuchtigde kapper. De geknielde pianist.
Een opbeurend woord hier, een kwinkslag daar,
zo gaat het ten slotte, het leven stelt zijn eisen.
En dan, tussen twee invallen van de politie, de dichter
of schrijver, of allebei, of geen van beide, S. V.,
die mij verzoekt, hem te vereeuwigen in een geschrift.

Ik wil een gedicht schrijven op God Zijn verjaardag:
Wanhopig drinkend onder keukenlicht
zie ik U buiten, Zegevierende,
Zoon, die de Dood zijt, Troost, Vergetelheid.

GRAF TE BLAUWHUIS

voor buurvrouw H., te G.

Hij rende weg, maar ontkwam niet,
en werd getroffen, en stierf, achttien jaar oud.
Een strijdbaar opschrift roept van alles,
maar uit het bruin geëmailleerd portret
kijkt een bedrukt en stil gezicht.
Een kind nog. Dag lieve jongen.

Gij, die Koning zijt, dit en dat, wat niet al,
ja ja, kom er eens om,
Gij weet waarom het is, ik niet.
Dat Koninkrijk van U, weet U wel, wordt dat nog wat?

HERKENNING

Nu weet ik, wie gij zijt,
de Jongen die ik eenzaam zag te Woudsend en daarna,
nog op dezelfde dag, in een café te Heeg.
Ik hoor mijn Moeders stem.
O Dood, die waarheid zijt: nader tot U.

Mijn as wordt begraven op het kerkhof te Greonterp.
De mensen die komen kijken,
krijgen met onbekrompen maat te drinken,
de kinderen ook, dat staat geschreven.
Er komt een houten kruis, waarop te lezen valt:
GOD IS DE LIEFDE, verder niks.
Dan komt de harmonie, en speelt een lied,
langzaam en vroom, met veel koper.
Als er wel wolken maar geen wind is wordt de hemel
een sluier van stilte,
en daalt iets neer dat veel lijkt op geluk.

AAN DE ENGEL

Als gij mij tot het eind toe hebt geleid,
keer dan terug, en blijf bij Teigetje.

INHOUD